한 권으로 끝내는 **2판** 개정 증보판

# 타오바오+알리바바
## 직구 완전정복

앤써북
ANSWERBOOK

한 권으로 끝내는
## 타오바오+알리바바 직구 완전정복 **2판** 개정 증보판

타오바오 · 알리바바 직구 실제 절차 그대로 전 과정을 순서대로 담았다!

**초판 1쇄 발행** • 2020년 04월 30일
**2 판 1쇄 발행** • 2021년 08월 30일

**지은이** • 정민영 · 백은지
**펴낸이** • 김병성
**펴낸곳** • 앤써북
**출판등록** • 제382-2012-00007호
**주소** • 경기도 고양시 일산 서구 가좌동 565번지
**전화** • 070-8877-4177
**FAX** • 031-919-9852
**정가** • 18,800원
**ISBN** • 979-11-85553-84-9  13000

도서문의 • 앤써북 http://answerbook.co.kr

앤써북은 독자 여러분의 의견에 항상 귀기울이고 있습니다.

온라인 쇼핑몰을 포함한 유통시장은 그야말로 엄청나게 빠른 변화와 새로운 환경을 만들어 나가고 있습니다. 특히 모바일 쇼핑과 글로벌 쇼핑의 발전은 더욱 가속화 되어 가고 있는 현실입니다. 국내쇼핑몰의 방향도 다르게 없는데, 그 중에서도 직구에 대한 화두는 어제 오늘 일이 아니고 벌써 많은 분들이 참여를 하고 있고 앞으로도 더욱 많은 발전이 될 것이라고 생각합니다.

지난 10여년 동안 타오바오를 비롯한 중국 온라인 판매와 직구 비즈니스를 운영하면서 더불어 타오바오 정보 교류 사이트인 네이버 카페 타오바오 완전정복을 운영하면서 "어떻게 하면 정확하고 제대로 된 직구에 대한 노하우를 전달할 수 있을까?" 고민하다 이 책을 저술하게 되었습니다.
사실 시중에는 직구에 대한 많은 SNS정보와 교육들 그리고 솔루션들이 넘쳐나고 있는데, 정확하고 체계적인 그리고 현실에 입각한 내용들이 맞는가에 대한 의문이 많이 있는 것도 사실입니다. 이 책에서는 가감없이 있는 그대로의 현실적으로 실습위주의 내용들을 보여 드립니다.

누구나 뜻과 의지가 있는 분이라면, 직구라는 새로운 콘텐츠에 도전을 해보실 것을 권장합니다. 이 책은 쉽고, 올바른 직구의 길을 차근차근 제시해 드립니다. 두려워 마시고, 그냥 책과 함께 천천히 해보시다 보면 어느새 직구 전문가가 되어 있으실 겁니다. 직구하시다가 잘 모르시는 내용이 있으시면, 언제든지 네이버 카페 "타오바오 완전정복"에 질문 글을 남겨주시면 됩니다.

직구를 해야 하는 이유는 너무도 많습니다만, 가장 중요한건 누구나 너무나도 쉽게 소자본으로 재고 없이 시작할 수가 있다는 것입니다. 이 책 내용을 습득하시면, 바로 직구 비즈니스를 시작하실 수 있으실 겁니다.

이 책은 타오바오와 알리바바 직구 비즈니스에 대한 설명서라고 보시면 됩니다. 직구를 처음 시작하시는 분들이 가지는 막연한 두려움을 제거하고, 쉽게 접근을 할 수 있는 직구 매뉴얼이라고 보시면 됩니다. 책 내용대로 하나하나 따라서 하시다 보면 어느새 직구를 하고 계실 거고, 이를 바탕으로 새로운 비즈니스를 창출하고 계시는 자신의 모습을 발견 하실 수 있을 겁니다.

이 책을 통해서 직구에 관련된 내용은 물론, 다른 비즈니스로의 확장과 안정적인 매출을 올리실 수 있기를 바랍니다. 더불어 사업도 인생도 성공의 길로 가시기를 기원합니다.

저자 정민영

# Preface
머리말

필자는 타오바오완전정복 카페에서 '타오바오/알리바바 직구완전정복 세미나'를 담당하게 되면서 직구에 대한 매력과 직구에 대한 많은 분들의 뜨거운 관심을 느낄 수 있었습니다. 한 달에 한 번씩 진행되었던 직구 세미나를 준비 할 때마다 많은 분들의 문의를 받았으며 서울을 제외한 지역의 수강생 분들도 적지 않았습니다.

직구 관련 세미나가 진행되는 동안 궁금한 내용을 질문하시며 꼼꼼하게 강의내용을 메모하시는 참석자분들의 모습을 보며 저 또한 그분들의 열정에 자극을 받았습니다.

세미나를 마치고 뒤풀이 시간에는 수강생 분들과 많은 이야기를 나눌 수 있었습니다. 직구를 시작할 때 어려움과 진행하면서 느낀 힘든 점에 대한 이야기를 나누며, 좋은 정보도 서로 공유하며 위로도 받고 위로도 주며 좋은 시간을 보냈습니다.

직구는 시간과 공간의 제약을 받지 않고 컴퓨터만 있으면 쉽게 시작할 수 있는 장점이 있는 반면, 혼자서 상품선택과 결제, 배송을 진행해야하기 때문에 변수가 많은 중국직구를 진행할 때는 어려움이 적지 않습니다. 함께 같은 길을 가는 친구가 있으면 외롭지 않듯이 직구를 하시는 분들이 소통할 수 있는 공간을 만들어야겠다는 생각을 하게 되었고, 그런 동기로 이 책을 집필하게 되었습니다. 책을 보시며 궁금하시거나 문의 주시고 싶은 내용은 카페로 문의글을 남기실 수 있도록 준비해놓았습니다.

필자는 타오바오 완전정복 카페회원에서 스텝이 되었습니다. 중국오픈마켓에 대한 정보가 많이 부족하고, 확실하지 않은 정보환경으로 힘들어 하던 시기에 카페를 알게 되어 실제 진행하고 계시는 회원분들의 조언과 공유해 주신 정보를 보고 들으며 많은 도움을 받았습니다. 그때 저도 다른 회원 분들에게 도움을 드리고 싶다는 생각을 가지게 되었고, 스텝이 되었고, 지금까지 타오바오 완전정복 카페에서 근무하고 있습니다.

저희가 준비한 공간이 많은 분들에게 힘이 되고, 도움이 되었으면 좋겠습니다.

끝으로 이 책을 집필할 수 있도록 기회를 주신 정민영 대표님과 좋은 책이 나올 수 있도록 이끌어주시고 응원해주신 김병성 대표님과 편집자님, 실제사례의 자료와 정보를 제공해 주며 집필에 큰 도움을 준 이예주 강사님에게 진심으로 감사드립니다.

**저자 백은지**

이 책에는 중국 최대 온라인 쇼핑몰인 타오바오나 알리바바에서 상품을 직접구매하는 모든 과정이 자세한 설명과 함께 기술되어 있습니다. 직구를 시작하려는 분, 지금 이미 진행하고 있는 분들뿐만 아니라 1인창업을 준비하는 예비창업자들에게 필독서로 권해드립니다.

《도매판매 완벽분석》 저자, (주)지앤지커머스 _ 대표이사 모영일

중국과의 무역, 전자상거래를 통한 직구 및 대중국 수출은 이제 거스를 수 없는 큰 트렌드로 자리 잡고 있습니다. 이번에 중국 최대 전자상거래 회사인 알리바바/타오바오를 통한 중국 직구 활용법을 재발간한 정민영 대표는 대기업 경험과 중국의 전자상거래 시스템의 정통한 인물입니다.

중국 사정을 잘 모르는 한국의 구매자나 판매자한테 실무적으로 큰 도움이 될만한 책을 다시 발간하게 되어 참 기쁘게 생각합니다.

얼마 전 중국 상품을 직구로 판매하는 미국 전자상거래 회사인 Wish.com이 나스닥에 15조 가까운 가치로 상장한 것을 보았습니다.

한국 구매자나 판매자들도 이 책을 바탕으로 중국 상품과 알리바바/타오바오 같은 중국 전자상거래 회사와 중국 이커머스 시스템에 대한 이해가 높아져 향후 대중국 이커머스 관련 사업이 더욱 활성화되기를 기대합니다.

박승환 GPC홀딩스 회장

洋码头양마토우 Co-Founder, Wizwid 공동설립자, Eachnet(eBay차이나) 투자자

여성창업플랫폼을 위탁운영하는 기관의 대표로 온라인 쇼핑몰 창업 과정을 기획하던 중 중국 무역과 소싱 등 온라인 커머스 분야에서 꽤 이름이 알려진 정민영 대표를 알게되었습니다.

여성창업플랫폼에서 작년과 올해 진행한 타오바오와 알리바바 완전정복 과정은 실제로 중국 소싱을 준비하는 예비 창업자들에게 많은 도움이 되었습니다.

저자는 국내 최대 규모의 "타오바오 완전정복 네이버 카페" 운영자로 중국 직구 성공 사례 전문가이며 강사입니다.

이 책에는 경쟁력있는 판매 아이템을 찾아내고 중국 생산 공장과 직거래 하는 법, 중국어를 몰라도 따라하면 말이 되는 실전 중국어, 배송대행 핵심 전략과 타오바오 라이브 방송으로 상품 구매하는 법 등 저자만의 노하우와 디테일이 담겨있습니다.

# Recommendation

중국 직구를 어려워하거나 망설이는 예비 창업자 또는 기존창업자들에게 중국 직구의 전 과정을 담은 단 한권의 책!
이 책이 온라인 창업자들에게 큰 힘이 되길 기대해 봅니다.

**오렌지나무시스템(주) 대표 박민규**

언텍트세상이 되면서 온라인시장의 규모가 전 세계적으로 커지고 있습니다. 우리나라 역시 예외가 아닙니다.
2022년이 되면 월 매출 20조가 예상될 정도로 결코 작은 시장이 아니게 됩니다.

2019년부터 유래없는 "돈"에 대한 관심과 "투자"에 대한 관심은 쇼핑몰 창업의 관심도도 성장하는 시장속에
함께 커져가고 있습니다. 매출을 극대화하기 위해서는 중국에서 좋은 상품을 소싱하고 저렴하게 수입한 후
국내에서 브랜딩해서 판매하고, 역으로 국내에 좋은 상품을 중국이라는 큰 시장에 판매할 수 있다면 더할 나위
없을 것입니다.

제가 네이버 파트너스퀘어 상품소싱 공식강사로써, 쿠팡의 창업 전문강사로써 해외에서 물건을 수입하고
유통하는 것에 대해 물어보실 때 항상 추천하던 책이 바로 정민영 강사님의 "한 권으로 끝내는 타오바오+
알리바바 직구 완전정복"이었습니다.

중국에서 상품을 수입하기 위해서는 다양한 시행착오가 우리에겐 필요합니다. 특히 첫 단추인 사이트
회원가입부터가 어렵지요. 그 후엔 동일 한 상품을 판매하는 판매자들 중에서 어떤 상품을 사야할지에 대한
판단, 판매자와 협상, 패키지 제작 등 모든 절차안에서 우리는 고민하게 됩니다.

그러한 부분으로 봤을 때 이 책은 판매자에게 직구 실무 절차를 모두 안내하고 있습니다.

저 역시 중국에서 년에 약 2억 정도 금액의 물품을 수입하고, 판매하고 있습니다. 초보셀러였을때는 구매대행으로,
지금은 중국에서 원하는 물건을 수입해서 브랜딩하여 판매하고 있는데요. 특히 실수 할 수 있는 관부가세,
통관가능여부, KC인증 등 판매자가 고려해야 할 다양한 사항을 이 책에선 모두 다루고 있다는 것이 가장 큰
강점입니다.

다년간 중국 직구의 노하우를 쌓은 저자인 만큼 믿고 볼 수 있으며, 중국어를 잘 하지 못해도 중국 직구가
가능하다는 것을 보여주는 책입니다.

중국에서 물품을 구매할 때 결제, 언어, 불량확인 등 걱정스러운 부분을 모두 친절하게 설명했고 판매자 입장에서
서술해놨으며 따라하기 형태로 만들어져 있기 때문에 쉽게 접근 할 수 있을 거라 확신합니다.

**쿠팡, 카페24, 네이버 공식강사, 유튜브 "단아쌤TV" 김경은**

이 책은 중국의 대표적인 쇼핑몰인 "타오바오"와 B2B 시장인 "알리바바"를 통해 구매할 수 있는 방법에 대해 자세히 설명하고 있습니다. 해외직구가 무엇인지, 구매 시 주의해야 할 점, 국내 통관 시 발생할 수 있는 관부가세 등이 담겨있습니다. 국내 직구족 뿐만 아니라 중국에서 상품 소싱을 원하는 아마존 셀러라면 필수로 읽어보아야 할 필독서입니다.

**《한 권으로 끝내는 글로벌셀러 아마존 판매 실전 바이블》 저자, 아마존 _ 강사 최진태**

이 책은 중국어를 잘 몰라도 좋은 상품을 저렴하게 구입할 수 있는 방법과 안전한 배대지 이용 방법 등 직구 관련 내용은 물론 부록으로 판매자를 위한 핵심 내용, 바로 써먹을 수 있는 전투 중국어 등 중국 비즈니스 관련한 다양한 정보를 담겨 있습니다. 타오바오, 알리바바에서 한국에서 팔지 않는 상품 또는 한국에서 판매하는 상품을 저렴하게 구입하고 싶은 실구매자, 구매대행업자, 국내 쇼핑몰 운영자들에게 적극 추천합니다.

**타오바오 파워셀러 _ 임철우**

# 독자 지원 센터

책을 보시면서 궁금한 사항, 활용하시는데 필요한 모든 것을 독자지원센터에서 도와드립니다.

**독자
문의**

책을 보시면서 궁금한 점에 대해 서로 의견을 공유하고 질의응답 내용을 확인할 수 있고, 그래도 궁금한 점이 해결되지 않을 경우 타오바오 완전정복 카페(https://cafe.naver.com/luxhome)의 [구매대행/직구]–[타오바오 알리바바 해외직구 서적관련 Q&A] 게시판에 문의하세요.
[카페 가입하기] 버튼을 클릭하여 회원 가입 하고 게시판의 [질문하기] 버튼을 클릭한 후 궁금한 사항을 문의합니다.

저자 특강
·
스터디
·
교육

타오바오 특강 및 관련 교육을 안내하는 공간입니다.

혼자 책을 공부하기가 막막하다면 저자 직강이나 특강 및 관련 교육을 듣거나 함께 공부하는 사람들을 만나서 궁금한 점에 대해서 서로 의견을 공유해 봅시다. 어떤 강의가 진행되고 있는지 타오바오 완전정복 카페(https://cafe.naver.com/luxhome)의 [완전정복 광장]–[강의/세미나 모집] 게시판을 방문해 보세요.

# Contents
목 차

**Chapter 01**

## 해외 직구와 중국 직구 이해하기

**Lesson 01** 해외 직구란 무엇인가? · 18
    1 _ 해외 직구란? · 18
    2 _ 중국직구 구매대행으로 온라인 쇼핑몰 도전하기 · 19
    3 _ 왜 중국 타오바오 직구를 해야 하나? · 20
    4 _ 타오바오 쇼핑몰 활용하기 · 21
    5 _ 직구 구매대행 장단점 알아보기 · 22
    6 _ 직구 구매대행 사업성과 고려사항 · 25
    7 _ 구매대행, 결제대행, 배송대행의 차이점 · 27

**Lesson 02** 중국 직구 사이트의 분류와 특징 · 28
    1 _ 한 눈에 살펴보는 중국 직구 사이트 · 28

**Lesson 03** 중국 구매대행 비즈니스 시작하기 · 36
    1 _ 직구 구매대행은 이렇게 돈이 벌린다 · 36
    2 _ 직구 구매대행을 잘 하려면? · 37

**Lesson 04** 중국 직구를 이용한 다양한 실전 사례 · 38
InterView _ 1년 만에 직구 구매대행 전문가로 변신한 이민주 · 30
InterView _ 월 2억 매출의 직구 구매대행 2년차 전문가 아이싸 마트 한찬우 · 41

**Chapter 02**

## 타오바오/알리바바1688 직구 준비하기

**Lesson 01** 타오바오/알리바바 직구 준비하기 · 44
    1 _ 회원 가입하기(타오바오/알리바바) · 44
        1-1 타오바오 신규회원 가입하기 · 44
        1-2 비밀번호 설정하기 · 47

# Contents

목 차

1-3 tb 임시회원명 교체와 로그인 거절 및 불가 시 해결 방법 · **49**

2 _ 판매자와의 채팅창 다운받기 · **59**

**Lesson 02** 타오바오/알리바바에서 상품 고르는 방법 · **64**

1 _ 키워드로 상품 검색하기 · **64**

1-1 상품명으로 검색하기 · **64**

1-2 카테고리 검색으로 상품 검색하기 · **67**

2 _ 이미지로 상품 검색하기 · **72**

3 _ 타오바오와 알리바바1688에서 A급 상품 고르는 노하우 · **83**

3-1 타오바오에서 좋은 상품 고르기 · **83**

3-2 알리바바1688에서 좋은 판매자 찾아서 협상하기 · **88**

4 _ 상품 주문과 주문 후 주의해야할 사항 · **90**

4-1 중국 직구 · **90**

4-2 구매대행 · **92**

4-3 국내에서 재판매(수입업자) · **92**

4-4 지식재산권(지적재산권) 침해되는 상품 사전에 검색 · **96**

4-5 제품이 파손된 경우 대응과 배상 · **101**

4-6 반품/환불 대응하기 · **102**

4-7 KC인증, 제대로 알아야 되는 이유 · **108**

5 _ 판매자와 채팅창으로 거래 문의 및 협상하기 · **113**

직구 노하우 _ 중국어 극복하는 방법 · **117**

**Chapter 03**

# 타오바오/알리바바에서 제대로 직구하기

**Lesson 01** 타오바오/알리바바 배대지 입력하기 · **122**

1 _ 배대지란?(배송대행지) · **122**

2 _ 배대지를 이용해야하는 이유 · **122**

# Contents
목 차

3 _ 배대지 선정 시 유의사항 · 123

4 _ 배대지 입력하기 · 124

    4-1 타오바오에서 배송지 주소 입력하기 · 124

    4-2 알리바바1688에서 배대지 주소 입력하기 · 127

5 _ 배대지 수정하기 · 128

    5-1 타오바오에서 배대지 수정하기 · 129

    5-2 알리바바1688에서 배대지 수정하기 · 130

**Lesson 02** 타오바오/알리바바 상품 구매하기 · 132

1 _ 신용카드로 구매하기 · 132

    1-1 타오바오에서 신용카드로 구매하기 · 132

2 _ 알리페이로 구매하기 · 137

    2-1 중국 계좌 만들기 · 137

    2-2 알리페이에 중국 계좌 연동하기 · 143

    2-3 알리페이로 구매하기 · 155

3 _ 대리구매 이용하기 · 158

    3-1 타오바오에서 대리구매 이용하기 · 158

    3-2 알리바바1688에서 대리구매 이용하기 · 160

4 _ 은행계좌의 잔액으로 구매하기 · 161

    4-1 타오바오에서 은행계좌 잔액으로 구매하기(알리페이 실명인증을 마친 경우) · 161

    4-2 알리바바1688에서 은행계좌 잔액으로 구매하기(알리페이 실명인증을 마친 경우) · 165

    4-3 타오바오/알리바바에서 은행계좌로 구매하기(알리페이 실명인증을 받지 않은 경우) · 168

5 _ 배송조회 방법(타오바오 판매자→배대지까지 물류조회) · 171

    5-1 타오바오에서 배송조회하기 · 171

    5-2 알리바바1688에서 배송조회하기 · 174

# Contents

목 차

## Chapter 04

# 고수들이 사용하는 대박 프로그램 활용법

**Lesson 01** 직구 상품의 이미지 상 언어 번역과 활용법 · 178

　　　　1 _ 직구할 상품 이미지 상의 언어를 번역하는 방법 · 178

　　　　2 _ 타오바오에 등록된 상품 이미지를 통해 상품의 경쟁력
　　　　　　분석하는 방법 · 182

**Lesson 02** 직구 구매대행 시 매우 유용한 대박 확장 프로그램
　　　　　　활용하기 · 184

　　　　1 _ 직구 상품 검색을 위한 대박 확장 프로그램 활용하기 · 184

　　　　　　1-1 크롬 브라우저 설치하기 · 184

　　　　　　1-2 알리바바 이미지 검색기로 상품 검색하기 · 186

　　　　　　1-3 Image Search Assistant를 활용한 내 사진으로 상품 검색하기 · 188

　　　　2 _ 타오바오와 1688에 등록된 이미지 쉽게 다운로드 하기 · 190

　　　　　　2-1 우클릭 해제하여 다운로드 막힌 이미지 다운받기 · 191

**Lesson 03** 중국 쇼핑몰에 등록된 상품의 이미지, 동영상, 리뷰 사진
　　　　　　활용하기 · 195

　　　　1 _ 타오바오와 1688의 상품 이미지와 동영상 한 번에 다운로드
　　　　　　하기 · 195

　　　　2 _ 타오바오, 알리바바에 등록된 상품 리뷰의 인증 사진 활용
　　　　　　하기 · 198

# Contents
목 차

**Chapter 05**

# 직구하면서 알아야할 관세/통관 정보

**Lesson 01** 관세와 부가세 • 202

1 _ 관/부가세란? • 202

2 _ 관/부가세 적용되는 경우 • 203

3 _ 관/부가세 계산방법 • 203

    3-1 관부가세 계산공식 • 203

    3-2 관세율표 확인하기 • 203

    3-3 관세청 고시환율 확인하기 • 206

**Lesson 02** 통관방법 • 213

1 _ 일반통관 • 213

2 _ 목록통관 • 214

3 _ 한 눈에 살펴보는 일반통관과 목록통관 비교 • 215

4 _ 간이/대리/사업자통관 • 216

    4-1 간이통관 • 216

    4-2 대리통관 • 216

    4-3 사업자 통관 • 217

**APPENDIX**

# 완전 알짜 꿀 정보 6가지

**Lesson 01** 한 눈에 알 수 있는 타오바오 판매 핵심 전략 • 220

1 _ 한 눈에 살펴보는 타오바오 판매 프로세스 이해하기 • 220

    1-1 상품 업데이트하기 • 220

    1-2 구매자와 채팅하기 • 221

    1-3 물건 발송하기 • 222

    1-4 평가하기 • 223

# Contents

목 차

2 _ 타오바오 회원가입부터 입점 후 판매까지_핵심 전략 이해하기 • **223**

　2-1 타오바오 회원가입하기 • **223**

　2-2 타오바오에 입점(상점 개설) 하기 • **223**

　2-3 상품판매 : 모바일천우(千牛 :이동 판매자센터)를 통한 고객문의 놓치지 않기 • **230**

　2-4 가격 수정하는 방법 • **233**

3_ 한 눈에 살펴보는 타오바오 마케팅 • **237**

　3-1 마케팅 툴 살펴보기 • **237**

　3-2 타오바오에서 진행하는 이벤트 참여하는 방법 • **240**

**Lesson 02** 타오바오/알리바바 직구 시 바로 써먹는 전투 중국어 • **242**

1_ 자주 사용하는 중국어 • **242**

2_ 패션관련 중국어 모음 • **244**

**Lesson 03** 배송대행 핵심정리 • **247**

**Lesson 04** 타오바오 라이브 방송으로 상품구매하기 • **248**

1_ 타오바오 앱에서 라이브 방송 보며 구매하기 • **248**

　1-1 판매자에게 채팅으로 문의하기 • **250**

　1-2 구매하기 • **251**

**Lesson 05** 샵비즈 대량등록 솔루션 활용하기 • **255**

1_ 상품수집 등록 솔루션 • **255**

　1-1 대량등록 장단점 살펴보기 • **256**

　1-2 대량등록 단점 해결 방안 • **256**

2_ 샵비즈클래식이란? • **257**

　2-1 샵비즈클래식 장 · 단점 • **257**

　2-2 샵비즈클래식 수집 방법 • **258**

　2-3 샵비즈클래식 사용 조건 • **258**

　2-4 샵비즈클래식 솔루션 사용 프로세스와 전략 • **259**

**Lesson 06** 저자와 함께하는 커뮤니티 • **261**

1_ 직사마 유튜브 채널 • **261**

2_ 카페 카카오톡 단체 채팅방 • **262**

Special Page _ 직구 구매대행을 하고 싶은 분에게 드리는 조언 • **263**

# Taobao

# Alibaba

# 해외 직구와 중국 직구 이해하기

Lesson 01 해외 직구란 무엇인가?
Lesson 02 중국 직구 사이트의 분류와 특징
Lesson 03 중국 구매대행 비즈니스 시작하기
Lesson 03 중국 직구를 이용한 다양한 실전 사례

# 해외 직구란 무엇인가?

## 1 _ 해외 직구란?

국내 소비자가 해외 쇼핑몰 등을 통해 상품을 직접 구매하는 쇼핑 행위이며, 줄여서 '직구'라고
한다. 인터넷의 발달로 국내에서도 해외에서 판매하는 상품도 쉽게 구매할 수 있게 되면서 현재
는 완전히 보편화된 쇼핑 트랜드가 되었다.

직구는 일반적으로 국내 판매가에 비해 저렴하다는 장점이 있지만 배송과 반품 및 환불 부분이 어렵다는 단점도 있다. 그래서 구매에서 결제 그리고 배송에 관한 과정을 대행사에 맡기기도 하고, 어느 일정 부분까지는 본인이 직접 진행하기도 한다.

이 책에서는 해외 쇼핑몰 중 타오바오와 알리바바 등 중국 쇼핑몰에서의 직구를 중점적으로 다루었다. 중국 쇼핑몰에서 구매한 상품을 한국 주소지까지 받는 직구 과정을 살펴보자.

중국 쇼핑몰 상품 구매 → 현지 배송 → 배대지에 물품도착 → 상품확인 + 검수 → 국제배송 → 국내배송 → 소비자 수취 확인

**알고가자!** 배대지란?

타오바오, 알리바바 등 중국 쇼핑몰에서 구매한 상품은 한국으로 직접 배송할 수 없기 때문에 중국 현지 창고로 배송한 후 중국 현지 창고에서 한국 구매자의 주소지까지 국제 배송해줄 곳이 필요한데, 이곳을 배송대행지라고 한다. 줄여서 '배대지'라고 한다.

## 2 _ 중국직구 구매대행으로 온라인 쇼핑몰 도전하기

자유로운 삶을 살면서 풍족함을 느낄 수 있는 많은 판매 수익이 얻으면 얼마나 좋을까? 더군다나 자본과 장소 시간에 구애받지 않고 할 수 있을 일이 있다면 정말 좋지 않을까? 요즘 '디지털 노마드', '언택트 비즈니스'라는 단어를 들어봤을 것이다. 우리 모두가 소망하는 삶일 것이다.

이런 삶을 살게 해주는 비즈니스가 있는데 그것이 바로 해외 직구 구매대행 사업이다. 이미 많은 분들이 시작했고 관련 지식과 경험을 공유하시는 분들도 많이 있다. 하지만 누구나 알정도로 많이 알려진 비즈니스이기 때문에 직구 구매대행 비즈니스가 블루오션이 아닌 레드 오션으로 전락하여 처절한 경쟁을 해야 만이 의미 있는 수익을 올리고 살아남을 수 있는 것이 현실인 것도 사실이다.

그럼 직구 구매대행 하지 말아야 할 사업일까요?

물론 아니다. 직구 구매대행 사업은 아직도 확장 범위가 매우 넓고 계속 발전해 나갈 수밖에 없는 사업이다. 더군다나 온라인 쇼핑몰 비즈니스를 하시는 분들은 선택이 아닌 필수로 꼭 해야 하는 비즈니스로 전환되고 있다. 우리가 해야 할 것은 보다 깊이 있고 숨겨져 있는 정보를 활용하여 더욱 강력한 직구 구매대행 판매자가 된다. 누구나 다 알고 있는 정보는 더 이상 고급 정보가 아니다. 어떻게 하느냐를 연구하고 배우는 것이 아니고 제대로 잘 할 수 있는가를 연구하고 접목하여 성공적인 비즈니스로 발전하면 된다.

# 3 _ 왜 중국 타오바오 직구를 해야 하나?

직구 구매대행을 하시는 분들이 점점 많이 지고 있다. 과거에는 구매대행 사업이 희소성이 있고 특정한 몇몇 사업자들만 진행을 하였지만 이제는 마음만 먹으면 누구나 쉽게 창업하여 진행할 수 있는 사업이 되고 있기 때문이다. 이렇게 많은 사람들이 관심을 가지고 도전을 하고 운영을 한다는 것은 그만큼 직구 구매대행 사업이 가지는 장점들이 많아서인 것이다.

직구 구매대행의 장점은 다양하고 새로운 상품을 무자본 무재고로 쉽게 시작할 수 있다는 부분이다. 그렇기 때문에 많은 분들이 이미 직구 구매대행 사업을 하고 있고 또 시작하기 위해서 관심을 많이 가지고 있다. 많은 사업자들이 직구 구매대행에 도전하고 있다는 이야기는 그만큼 경쟁자들이 많고 살아남기 위해서 많은 연구와 노력이 필요하다는 것이다. 이 부분에서 우리가 생각해야 할 부분은 바로 경쟁력이다.

직구 구매대행 쇼핑몰 운영자는 저렴한 가격과 다양한 아이템 그리고 새로운 신상품을 보여주기 위하여 끊임없이 아이템을 찾고 저렴하게 구매할 수 있는 구매처를 찾아야 한다. 이것이 바로 상품 경쟁력이고 이 경쟁력을 높이기 위한 노력을 게을리 하지 않고 끊임없이 매진해야 만이 직구 구매대행에서 의미 있는 매출을 올릴 수가 있고 성공할 수 있다. 그 성공의 방향이 바로 중국 온라인 쇼핑몰에 있다. 그 중에서도 눈여겨봐야 할 곳은 엄청나게 많은 상품을 보유하고 있고 매일 같이 끊임없이 새로운 신상품이 등록되고 있고 가격 경쟁력 까지 갖춘 타오바오 쇼핑몰인 것이다.

타오바오만 잘 알아도 직구 구매대행 쇼핑몰을 운영함에 있어서 어느 정도 경쟁력은 있다고 봐도 된다. 조심해야 할 부분은 유튜브나 블로그 등 수많은 곳에서 타오바오 직구 구매대행에 대해서 이야기 하지만 정말로 깊이 있게 다루는 곳은 거의 없고 수박 겉핥기식의 전달이 대부분이라 아쉬운 부분이 너무나 많이 보이는 것도 사실이다. 좋은 정보는 잘 취하고 그렇지 않은 정보는 거르는 슬기로움이 필요한 이유다. 어찌 되었건 타오바오는 직구 구매대행을 하시는 분들에게 큰 도움이 되는 쇼핑몰인 것이고 성공적인 온라인 쇼핑몰을 운영하시는 분이라면 반드시 정복해야 할 커머스이다.

# 4 _ 타오바오 쇼핑몰 활용하기

타오바오 쇼핑몰은 직구 구매대행을 하시는 대부분의 분들은 웬만하면 다 아는 쇼핑몰이고 이미 많은 분들이 이용을 하기 때문에 대충 알아서는 큰 경쟁력을 가질 수가 없을 뿐더러 나의 온라인 쇼핑몰에 접목하기에도 무리가 따르고 매출을 기대하기가 힘들어지는 상황이 될 것이다.

이미 알려진 정보는 더 이상 특별한 정보가 아니고 누구나 다 아는 상식일 뿐이라는 것을 인지하여야 한다. 보다 자세히 학습하고 알아내어 나만이 경쟁력을 만들어 내고 보다 새롭고 잘 팔리는 상품을 찾아내고 특화되어 있는 전문가로 발전해야 하는 이유가 여기에 있다.
이 책에서 기술하는 타오바오 알리바바 직구를 통하여 나의 온라인 샵에 적용하는 방법을 잘 활용하면 여러분들의 직구 구매대행 비즈니스에 큰 도움이 될 것이라고 확신한다.

쇼핑몰을 운영하시는 분들은 경쟁력 있는 아이템에 대한 목마름은 끝이 없으실 것이다. 여기 경쟁력 있는 직구 구매대행 쇼핑몰을 운영하고자 하시는 분들을 위하여 직구 구매대행을 할 때에 알아 놓으면 도움이 되는 테크닉과 전략을 총 망라하여 소개해 드리고자 한다. 잘 활용해서 많은 도움이 되시기 바란다.

# 5 _ 직구 구매대행 장단점 알아보기

타오바오 직구 구매대행을 시작하기 전에 장·단점을 파악하여 나에게 맞는 사업인지 보완책은 무엇인지 알아보는 것이 필요하다.

우선 직구 구매대행의 장점부터 알아보자.

## ❶ 가격 경쟁력

한국 도매시장의 60~70%가 중국 상품이라고 할 정도로 이미 우리 생활은 물론 도매시장에 까지 중국 상품들이 퍼져 있다. 쇼핑몰 창업을 하시는 분들은 주로 도매시장을 활용해서 상품 소싱 한다. 하지만 도매시장에 형성된 상품 가격은 기존에 온라인 채널에서 판매중인 다른 쇼핑몰들의 가격을 비교해보면 상대적으로 가격 경쟁력이 낮다. 반면 타오바오에서 판매 중인 상품 중 가격 경쟁력이 있는 모든 상품이 바로 여러분이 판매해도 좋은 상품이다.

타오바오와 알리바바 등 중국 쇼핑몰에는 독창적이고 다양한 상품이 저렴한 가격으로 판매되고 있기 때문에 '상품×가격경쟁력'을 모두 갖춘 아이템을 찾을 수 있다. 하지만 한 가지 상품의 가격대가 저가부터 고가까지 다양하기 때문에 상품 선택은 신중하게 진행해야 한다.

다음은 타오바오에서 '스타벅스 텀블러'를 검색한 결과 화면이다. 다음 그림에서 알 수 있듯이 50위안부터 200위안까지 다양한 가격대의 상품들이 판매되고 있음을 확인할 수 있다.

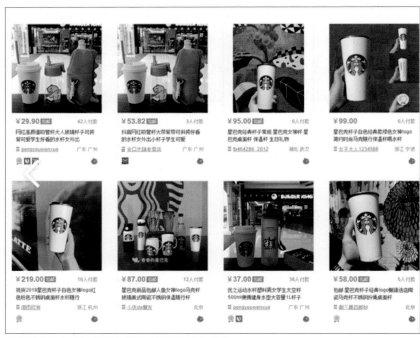

▲ 타오바오에서 '스타벅스 텀블러' 검색 결과 화면

다음은 알리바바에서 '파인애플 민소매 원피스'를 검색한 결과 화면이다. 다음 그림에서 알 수 있듯이 50~100위안까지 다양한 가격대의 상품들이 판매되고 있음을 확인할 수 있다.

▲ 알리바바에서 '파인애플 민소매 원피스' 검색 결과 화면

### ❷ 무자본으로 온라인 사업 시작

직구 구매대행은 자본이 없이 무자본으로 시작할 수 있는 비즈니스이다. 직구 구매대행의 사업의 흐름을 살펴보면 다음과 같다.

첫 번째, 판매하고자 하는 상품을 타오바오 등 해외 온라인 사이트에서 찾는다.

두 번째, 찾은 상품을 내 쇼핑몰에 등록한다.

세 번째, 내 쇼핑몰을 통해서 판매가 이루어지면 그때 사입하여 소비자에게 전달한다.

즉, 직구 구매대행은 상품을 구매자에게 전달해주는 전달자의 역할을 하는 것이다. 그렇기 자본을 먼저 투자하여 시작하는 사업이 아니고 판매가 이루어진 다음에 비용이 들어가는 사후 투자사업이다. 사업으로 볼 때 안전하고 위험도가 아주 낮은 비즈니스라고 할 수 있다.

### ❸ 무재고로 시작하는 유통 비즈니스

직구 구매대행 사업은 사무실이 없어도 창고가 없어도 인터넷만 연결된 곳이라면 어떤 곳에서나 사업을 시작할 수가 있다. 사업을 하고자 하는 의지와 시스템만 파악하고 잘 적용하면 집이나 도서관, 공원, 유원지, 산, 바다 등 장소를 가리지 않습니다. 또한 국내는 물론 해외 어느 곳에서나 온라인 사업을 할 수가 있다. 직구 온라인 비즈니스는 여러분에게 진정한 디지털 노마드의 꿈을 실현해 줄 수 있다.

### ❹ 아이템 경쟁력

타오바오 쇼핑몰에 등록돼 있는 엄청나게 많은 저렴한 가격의 다양하고 새로운 신상품을 소비자들에게 빠른 시간에 선보일 수가 있다. 쇼핑몰에 등록돼 있는 상품은 모두 내가 취급할 수 있는 나의 창고에 보관된 상품과 같다.

### ❺ 빠른 창업시간

직구 구매대행의 시스템만 알면 지금 당장이라도 시작을 할 수 있는 사업이 직구 구매대행 사업이다. 나는 그냥 중국 타오바오 쇼핑몰의 상품을 선택하여 나의 오픈마켓 등 쇼핑몰에 등록하고 판매가 이루어지면 그때에 중국 쇼핑몰에서 구매하여 배대지를 통하여 최종 소비자에게 발송하면 된다.

물론 경쟁력을 가지기 위해서 보다 장점이 있는 판매자와 상품을 찾고 물류 배송 시스템을 연구해야 하겠지만 내가 운영하고자 하는 오픈마켓 또는 sns에 상품을 등록하여 바로 시작을 할 수 있는 비즈니스이다.

장점이 많은 반면에 엄연히 존재하는 단점이 있다.

오래 걸리는 배송시간, 상품을 보지 않고 판매하는 부담감, 교환 환불의 어려움 등의 치명적인 단점도 존재를 하지만 비즈니스로의 가장 큰 단점은 누구나 쉽게 시작할 수 있는 사업이기 때문에 너무나 경쟁이 치열하다는 것이다. 여러 장점이 너무 많기 때문에 이런 단점들은 극복해 나가면서 진행을 해나가면 된다. 비용이 들지 않는 사업이기 때문에 일단 시작을 하여 진행을 하면서 장점을 극대화하고 단점을 보완하면서 나에게 맞는 시스템으로 만들어 나가면서 비즈니스를 확대해 나가면 된다.

성공적인 직구 구매대행 비즈니스뿐만 아니고 장기적으로 유통시장에서 경쟁력을 확보하기 위해서는 타오바오를 정복하고 다양한 장점이 있는 도매 쇼핑몰 플랫폼인 1688 알리바바를 공략하고 활용할 수 있으면 온라인 사업을 확장하는데 큰 도움이 될 것이다.

# 6 _ 직구 구매대행 사업성과 고려사항

직구 구매대행을 진행하기 위해서는 고려하고 해결해야 할 사항들이 있다. 이 문제점만 해결해 나갈 수 있다면 더 이상 말하지 않아도 되는 아주 매력적인 사업이고 지금 바로 당장 시작해야 할 비즈니스가 바로 직구 구매대행 사업인 것이다.

시작하기 전에 고려해야 할 사항을 정리해 보자.

## ❶ 상점 개설과 상품등록

운영하고자 하는 오픈마켓이나 자사몰을 개설하고 상품을 등록해야 하는 작업이 필요하다. 쉬워 보이지만 번거롭고도 시간을 들여야 하는 작업이다. 특히 타오바오에 있는 상품을 찾아내고 가져와서 등록을 해야 하기 때문에 번역하고 편집하여 등록하는 일을 꾸준해 해주어야 한다..

## ❷ 타오바오 구매

타오바오는 중국 사이트이고 외국인을 위한 사이트가 아니다 보니 외국인들이 사용하기 편리하지가 않다. 다행히도 국제 신용카드로 결제가 되기 때문에 사용법만 알면 어렵지 않게 구매 할 수가 있다.

## ❸ 언어

우리가 중국인이 아니고 한국인이기 때문에 언어 때문에 불편할 수도 있다. 하지만 최근에 많이 발전한 번역기만 잘 활용해도 크게 문제없이 구매를 진행할 수가 있다.

## ❹ 배대지

좋은 배대지를 잘 찾고 잘 활용 할 수 있다는 것은 이미 구매대행 사업의 반 정도는 성공한 것과 다름없다. 그만큼 배대지는 여러분의 구매대행 비즈니스에서 아주 중요한 요소이고, 그렇기 때문에 좋은 배대지를 찾는 일에 집중하여야 한다.

## ❺ 샵관리

샵을 운영하다 보면 기본적인 샵에 대한 운영관리 이외에 다양한 변수와 상황들이 발생을 하게 된다. 특히 구매대행 특성상 발생되는 배송기간 관리와 cs에 관련된 문의 내용들이 많이 발생이 될 것이고 슬기롭게 잘 처리를 해주어야 한다.

### ❻ 지재권

직구 구매대행 사업은 내가 기획하고 제조하는 상품이 아닌 해외 판매자가 온라인상에 등록된 상품을 가져다가 나의 상점에 등록하여 판매를 하는 것이다. 이 과정에서 의도치 않게 사용하지 말아야 할 상표나 이미지 등을 무단으로 가져다가 사용하여 문제가 발생되는 경우가 있다. 꼭 주의해야 할 부분이다.

### ❼ 세금

모든 비즈니스는 사업자 등록증을 발행 후 사업을 시작해야 한다. 또한 사업한 이후에는 판매 활동의 성과에 따라 국가에 지불해야 할 각종 세금이 발생한다. 세금 부분은 잘 정리해 두어야 만이 사업을 진행하는 과정에서 문제가 발생되지 않고 안정적으로 운영을 해 나갈 수 있다. 사업하면서 발생하는 세금에는 상품을 들여올 때 발생하는 관부가세가 있고, 판매 행위를 함으로서 발생되는 부가가치세와 종합소득세가 있다.

### ❽ 자금흐름

직구 구매대행 사업은 무자본 무재고를 기본 모토로 삼고 시작하는 비즈니스이다. 하지만 쇼핑몰에서 판매가 되면 먼저 나의 자금으로 타오바오 상품을 구매하여 소비자에게 전달을 시켜주게 되고 어느정도 시간이 지난 뒤에 이 자금을 쇼핑몰에게서 받게 된다.

타오바오 쇼핑몰에서 고객에게 도착되는 시간 그리고 쇼핑몰에서 보관하고 있다가 지불해주는 시간이 쇼핑몰에 따라 다르지만 보통 짧게는 2주에서 길게는 두 달 정도 소요된다. 매출이 없다면 문제가 되지 않겠지만 어느정도의 매출이 나오게 되면 운영자금 흐름에 대한 전략도 미리 생각을 하고 시작하는 게 좋다.

이상 몇 가지의 문제점들만 해결된다면 타오바오 구매대행은 매우 매력적인 사업이고 지금 당장이라도 바로 시작하여 경제적 자유화를 꿈꾸는 미래를 준비할 수가 있는 비즈니스임에는 분명하다.

이제 왜 이 책이 필요하신지 감을 잡았을 것이다. 타오바오와 1688에 대해서 대충 알고 직구 구매대행을 시작하는 판매자들이 이미 많이 계시겠지만 제대로 알고 집중도 있게 연구하고 진행 하는 사람들은 많지가 않다. 이 책을 보시고 활용하실 줄 아는 여러분들은 직구 구매대행 고수의 반열에 올라서실 것이다.

# 7 _ 구매대행, 결제대행, 배송대행의 차이점

구매대행, 결제대행, 배송대행의 차이점에 대해서 알아본다.

## ❶ 구매대행

직구를 처음 해 보시는 분들을 위해 추천 드리는 방법. 구매할 상품을 선택만 하면 대행사에서 상품의 구매와 결제, 배송을 모두 책임지고 진행해준다. 구매대행 수수료와 물품가격만 결제하면 된다.

## ❷ 결제대행

대표적인 중국오픈마켓인 타오바오는 신용카드 결제가 가능하지만, 알리바바1688(중문몰)에서 구매를 하기 위해서는 알리페이(전자화폐시스템)를 이용해야한다. 알리페이 이용 시, 중국 계좌를 연동해야하기 때문에, 결제대행을 이용하는 경우가 많다.

## ❸ 배송대행

중국 온라인마켓은 한국으로 직배송해 주는 곳이 거의 없기 때문에, 배송지를 중국 현지 주소로 넣어야하는 경우가 대부분이다. 이러한 이유로 배송대행을 이용하게 된다. 배송대행 서비스를 이용하게 될 경우, 반품과 환불문제 또한 대행사에서 진행해주기 때문에 이점이 있는 반면 대행 수수료가 있다는 단점도 있다.

다음은 구매대행, 결제대행, 배송대행을 비교한 표이다.

| | 정의 | 장점 | 단점 |
|---|---|---|---|
| 구매대행 | 대행사가 물품의 구매, 해외결제, 배송 모두를 대신 처리해 주는 것 | 실재고 유무, 주문시 판매자와 소통, 결제 및 배송문제, 반품문제 대행사에서 해결 | 구매대행 수수료 |
| 결제대행 | 구매는 자신이 직접하고, 결제만 대행사가 처리해 주는 것 | 배송수수료 절감 | 결제대행 수수료, 실재고 유무, 주문시 판매자와 소통, 결제 및 배송문제, 반품·환불문제 자체적으로 해결해야 함 |
| 배송대행 | 구매는 자신이 직접하고, 중국에서 한국까지의 배송만 대행사가 처리해 주는 것 | 결제수수료 절감 | 배송대행 수수료, 실재고 유무, 주문시 판매자와 소통, 결제 및 배송문제, 반품·환불문제 자체적으로 해결해야함 |

# LESSON
# 02

# 중국 직구 사이트의 분류와 특징

## 1 _ 한눈에 살펴보는 중국 직구 사이트

❶ **淘宝[táobǎo]** 타오바오 www.taobao.com

▲ 타오바오(www.taobao.com)

타오바오 (Taobao 淘宝)는 알리바바(阿里巴巴) 그룹의 대표적인 자회사로서 2013년 창업주 마윈(马云 jack ma) 에 의해서 만들어진 오픈마켓 플랫폼이다. 중국 C to C 오픈마켓 시장에서 점유율은 80% 이상에 다르고 있고, 중국 온라인 시장에서 주도적인 위치를 차지하고 있는 중국의 대표적인 온라인 마켓이다. 타오바오는 C to C 오픈마켓인 타오바오와 B to C 마켓인 티몰이 통합 운영되고 있다.

2019년 기준 매출액은 인민패(人民□) 1149.24억 위안에 달하고 사용자 수는 7.55억을 넘어서고 있으며 직구 구매대행을 포함한 우리나라 고객들도 많이 이용하는 종합쇼핑몰이기도 하다.

해외 구매대행 사업자들이 타오바오를 소싱 구매 사이트로 활용하는 이유 중에 하나는 다른 중국 도매 쇼핑몰과 다르게 글로벌 신용카드(비자, 마스터 등)로 결제가 가능하기 때문이다.

알리 왕왕이라는 자체 메신저를 활용하여 판매자와 소비자 그리고 타오바오 CS까지 채팅 연결이 가능하다. 상품을 구매하고자 하는 상황에서 판매자에게 채팅을 보내어 상품 유무, 배송일 등을 확인할 수 있고 가격 흥정도 가능하다.

타오바오 만의 특이한 기능으로 구매 진행시 결제 전 가격 수정이 가능하여 수정된 가격으로 결제를 완료하면 된다. 타오바오에서 신용카드로 결제 시 국내와 다르게 신용카드로 타오바오에서 결제할 경우, 3%의 서비스 수수료가 추가로 부과가 된다. 타오바오는 직구 구매대행으로 한국에 상품을 판매하고자 하는 사람에게 아주 매력적이면서도 큰 존재감이 있는 사이트이고 잘 활용하면 우리에게 큰 기회를 제공해 주지만 그만큼 많이 알려져 있기 때문에 더 경쟁력 있는 상품을 찾기 위한 다른 방향을 계속 연구해야 한다는 숙제도 있다.

❷ 天猫[tiānmāo]TMALL(티몰)www.tmall.com

▲ 티몰(www.tmall.com)

중국 알리바바 그룹의 B to C 플랫폼이다. 합법적으로 등록이 되어있는 기업과 브랜드들만 입점할 수 있다. 타오바오가 미국시장에 상장하면서 판매자의 합법성 부분과 세금 그리고 이미테이션 판매 부분에서 계속해서 공격을 받았다. 이러한 타오바오의 취약점을 보완하여 만들어진 기업형 오픈마켓이다. 티몰에 입점하기 위해서는 사업자등록증, 상표등록증을 기본으로 준비해야하며, 입점비용을 지불해야 하며 사전 심사제도까지 적용하여 입점 절차가 까다롭다. 입점 후에도 3일내에 물품을 발송해야한다는 규칙이 있고 지켜지지 않을 경우 페널티를 적용하고 페널티가 많아질 경우 점포 폐점에 이를 수도 있다. 타오바오와 비교해 보았을 때, 상품에 대한 신뢰도가 높고 배송이 빠른 장점이 있지만, 가격이 기존상품보다 약 20% 높은 단점도 있다.

### ❸ 阿里巴巴 1688 아리바바 www.1688.com

▲ 1688 알리바바(www.1688.com)

알리바바는 해외 바이어에게 오다 발주를 전문으로 하는 영문 alibaba.com과 도매 홀세일 전문으로 하는 중문 1688.com으로 나누어져 있다. 영문 알리바바로 처음 시작을 하였지만 중국 내에 도매상품을 요구하는 대리상과 중국어를 사용하는 해외 구매자들의 요구에 부흥하기 위하여 중국어로 된 중문 알리바바, 즉 1688을 다시 론칭하게 된다.

한국에서 직구 구매대행 사업을 하시는 분들은 물론 사입에 관련된 부분 모두 알리바바 영문 사이트보다는 1688을 공략하는 것이 현실적이고 다양한 아이템을 확보할 수 있다. 1688은 타오바오와 함께 중국 직구 구매대행 사업자들이 꼭 알아야 할 중국 알리바바 그룹에서 운영하는 온라인 BtoB 도매 쇼핑몰 플랫폼이다. 타오바오 쇼핑몰과 함께 1688 도매 쇼핑몰까지 잘 활용하면 직구 구매대행 사업에 날개를 날아 줄 것이다.

1688 쇼핑몰 회원가입은 무료이고 타오바오 아이디로 공유하여 사용이 가능하다. 처음 회원가입하시는 분들은 타오바오에 회원가입한 후 타오바오 아이디를 함께 사용하는 것이 편리하다.

**❹ 阿里巴巴 아리바바 www.alibaba.com**

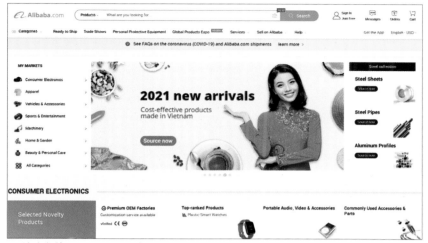

▲ 알리바바(www.alibaba.com)

알리바바 쇼핑몰은 1999년 설립된 중국은 물론 세계 최대의 온라인 도매 쇼핑몰 플랫폼이다. 창업자인 마윈은 중국에서 진행되는 수많은 박람회에 많은 바이어들이 참관하는 것을 보고 중국 중소기업 제품들을 온라인에 모아서 도매 쇼핑몰을 열면 어떨까 하는 영감을 받아서 시작을 하였다고 한다. 알리바바 도매 플랫폼은 글로벌 도매를 표방하여 시작을 하였고 영어로 된 사이트이고 중국 중소기업 상품을 등록하여 오다 베이스로 진행이 되는 사이트로서 영어로 소통이 가능한 장점이 있는 반면 해외무역 형태로 진행이 되는 경우가 많이 있기 때문에 어느 정도 규모가 있고 무역업무나 상품에 대한 노하우가 있는 분들이 이용하시는 게 좋다.

**❺ 알리익스프레스 https://aliexpress.com**

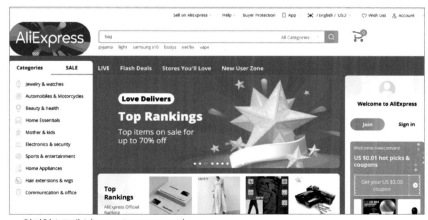

▲ 알리익스프레스(www.aliexpress.com)

알리바바 그룹이 만든 글로벌 오픈마켓 쇼핑몰이다. 신용카드 결제가 가능하고 해외로 직배송을 해주기 때문에 많이 편리하지만 시간이 많이 걸리고 교환 반품이 어렵다는 단점이 있다. 최근에 한글 버전 알리익스프레스를 이용하여 구매하는 분들이 많은데 그분들 중 알리바바에서 상품을 구매했는데 가격도 싸고 직배송이 되고 시간이 한참 걸려서 도착을 했다. 이렇게 말씀하시는 분들은 대부분 알리익스프레스에서 구매를 했다고 보면 된다.

영어 버전이 기본이지만 해외 각국의 구매자들도 많기 때문에 국가별 언어로 변환이 되어 보이기 때문에 편리하게 이용할 수 있다. 알리 익스프레스의 가장 큰 단점 중에 하나인 배송시간이 오래 걸린다는 부분이 있었는데 최근에 비싼 배송비를 지불하면 빠른 배송을 적용하는 시스템이 장착이 되어 모든 판매자는 아니지만 많은 매출을 올리는 판매자의 경우 별도의 비용을 지불하면 3~5일 빠를 배송을 지원해 주는 시스템이 있으니 구매할 때 필요하신 분들은 선택하면 된다. 특히 알리익스프레스 구매대행을 생각하시는 분들은 이 부분을 잘 확인하고 활용하시기 바란다.

❻ 특화된 중국 사이트

· 搜款网 [sōukuǎnwǎng]www.vvic.com

▲ vvic 닷컴(www.vvic.com)

vvic 닷컴은 중국 최대의 패션의류 전문 도소매 쇼핑몰로서 13항(十三行), 사허 등 중국 광주 패션의류 도매시장 상품을 기본으로 신탕이나 항저우 도매시장의 여성 패션의류 관련 상품까지 포괄적으로 상품을 운영하고 있으며 신발이나 가방 등의 패션 관련 상품까지 아우르고 있다.

오프라인 도매 점포를 운영하고 있는 점포들만 입점하여 상품 등록이 가능한 만큼 온라인 사업이 가능함은 물론 직접 점포에 가서 사입도 가능하다. 도매 쇼핑몰에서 쉽게 중국의 다양한 온라인 쇼핑몰에 상품 등록이 가능하도록 연동이 되어 있어서 수많은 패션 관련 리셀러들이 온라인 쇼핑몰 운영을 할 때 활용하는 도매 쇼핑몰이다. 이미지를 제공해 주고 낱장 구매가 가능하고 구매한 상품을 직접 소비자에게 보내주는 시스템도 있기 때문에 실제로 타오바오에 등록되어 있는 여성의류 상품 중 상당수는 vvic 닷컴 쇼핑몰의 상품들을 활용하는 판매자들이다. 결제는 알리페이로 진행하며, 신용카드는 불가하다.

VVIC 닷컴은 매일신상(每日新款), 판매중상품(在售商品), 내려간상품(下架商品), 업데이트기록(上下架记录), 파워상점(实力质造) 등 카테고리를 세분화하여 구매할 때 편리하다. 여성의류에 강점이 있고 다양하고 새로운 신상품이 끊임없이 등록이 되고 있기 때문에 패션 관련 쇼핑몰이나 구매대행을 구상하시는 분들이 참조하면 도움이 많이 될 것이다.

이외의 다음과 같은 여성의류 전문도매몰이 있다

• 17zwd.com
• qm41.com
• hznzcn.com
• eelly.com
• 义乌购 [yìwū gòu wǎng] www.yiwugo.com

전 세계 최대의 소상품 도매 타운인 이우 시장의 도매 숍들과 상품들을 소개해 주는 도매 사이트이다. 중국 사람들은 이우 소상품 도매시장(义乌小商品批发市场)이라고 부르며 중국 내 해외 포함한 도매상품을 찾는 사람들이라면 이우를 기준으로 방문을 하여야 한다고 생각을 하고 있다. 국제상우청(国际商务城) 5개 구역의 26개 라인과 다른 3곳의 도매 시장까지 5만여 개의 입점 점포는 500만 개 이상의 상품을 세부적으로 소개를 해주고 있다.

▲ www.yiwugo.com

시장과 상품을 소개해 주는 라이브 방송도 같이 운영을 하는 등 오프라인 도매 시장과 온라인 도매 쇼핑몰을 연결하여 발전하여 나가고 있다. 한국에서도 많이 유명한 이우 도매시장은 많은 사업자들이 가격 경쟁력 있는 상품과 신상품을 찾기 위해 시장조사단 또는 개인적으로 출장을 가는 곳으로도 유명하다. 중국의 이우 상품을 취급하고자 시장조사를 기획하고 있는 분들은 이우고 도매 쇼핑몰을 먼저 확인하고 잘 살펴본 뒤에 출장을 가시면 더욱 도움이 많이 된다. 이우고 온라인 쇼핑몰에서는 꼭 출장을 가지 않아도 등록된 많은 상품을 직접 확인하고 구매할 수도 있다.

## •中国供应商 중국공잉상

2006년 9월 4일 국무원 신문 판공실 브리핑룸에서 중국공잉상 개통식이 열렸다. 중국공잉상은 중국 인터넷 뉴스센터인 국무원 직속 본청급 사업주체로 중국 인터넷 관리기관 중 하나로 국가 발전개혁 위원회의 비준을 받아 설립된 중국 내 제조업체들이 입점하는 권위 있는 전자상거래 온라인 무역 플랫폼이다.

중국공잉상 공급업체들은 대형 B2B 비즈니스 웹 사이트로서, 주로 기업을 위해 상품을 공급한다. 제품 찾기, 구매 찾기, 회사 찾기, 전시회 보기, 국제 바이어, 비즈니스 상황판, 유명 기업 인터뷰, 상업 정보, 상인 도구, 활동 채널 등의 서비스를 진행한다.

▲ 중국공잉상(http://cn.china.cn) 400-010-1866

건설기계, 건축설비, 화공, 전자, 전기, 자동차 용품, 철물, 철강 등 제조업에 필요한 기계 설비 등이 주력 품목이고 점포별 미니 쇼핑몰을 제공하여 업체의 아이템을 쉽게 볼 수 있다.

수량별로 차등가격을 적용하여 소량도 구매할 수 있어 필요한 수량만큼 구매가 가능하고 자체 메신저나 위챗 메신저로 사이트에서 바로 소통이 가능하고 업체별 연락처가 있어서 도매 공급처나 공장을 찾으시는 분들이 잘 활용하면 도움이 많이 되는 사이트이다.

알리바바그룹이 2004년 출시한 중국의 간편결제서비스이며 '즈푸바오' 라고도 한다. 페이팔이나 한국 온라인 쇼핑몰 결제 시스템인 PG 와 같은 개념이다. 위챗페이와 함께 중국 양대 결제 시스템으로 자리잡고 있다. 모바일 앱을 다운받아, 중국은행계좌와 연동한 뒤, 계좌의 금액을 알리페이에 충전한 후 생성된 큐알코드로 결제 하는 방식이다. 중국의 모바일 결제 시장의 약 80%를 차지하고 있는 중국 제1의 전자화페시스템이다. 우리나라의 L페이, 카카오페이와 비슷한 형태이다. 중국은 물론이고 한국의 식당과 편의점 그리고 면세점 등 에서도 알리페이 큐알코드를 찾아볼 수 있다.
타오바오 회원에 가입을 하면 자동으로 알리페이 회원에 등록이 되지만 정상적으로 사용하기 위해서는 실명인증을 하여야 하고 인증과정에서 반드시 중국 현지 은행에서 개설한 은행카드를 등록해야 한다.

• tour pass 투어패스란?
2019년 11월 외국인 여행객을을 위하여 알리페이 미니맵 형태로 론칭하여 여권정보와 여권스캔이미지를 등록하면 상해 은행을 통하여 90일간 유효한 은행카드를 발급받아 사용이 가능하다. 1회 충전 금액은 100위안 이상이고 최대 충전 한도는 10,000위안이다. 이외에 별도로 5%의 충전 수수료가 발생한다.

• 타오바오에서 구매 시 주의할 점
타오바오 회원가입 후 사이트 메인 페이지를 열어보면 타오바오 첫 페이지 상단 좌편의 지역을 보면 타오바오 시스템이 자동으로 연결지역을 인식하여 한국으로 표시되어 페이지가 열린다. 크게 차이는 나지 않지만 되도록 지역 설정 부분에서 중국대륙(中国大陆)을 선택한다. 중국대륙을 선택하면 중국 현지와 같이 검색이 되어 진다.

# 03

# 직구 구매대행 비즈니스 시작하기

## 1 _ 직구 구매대행은 이렇게 돈이 벌린다

| ❶ 판매할 상품 서치하기 | 잘 팔릴 상품을 찾아내는 스킬을 길러야 한다. |

| ❷ 타오바오에서 상품 찾기 | 싸고 안전하고 품질 좋은 상품과 이런 상품을 판매하는 점포를 찾아낸다. |

| ❸ 상품 나의 스토어에 등록 | 스토어에 잘 노출되게 쇼핑몰이 원하는 형식으로 상품을 등록한다. |

| ❹ 주문이 들어오면 타오바오에서 구매 | 신용카드 결제나 물류회사를 통하여 구매하고 결제를 한다. |

| ❺ 배대지를 통하여 소비자에게 상품 도착 | 소통이 잘되고 속도가 빠를 배대지는 나의 비즈니스에 큰 힘이 되어 줄 것이다. |

| ❻ 수익 발생 | 소비자에게 상품이 도착되고 일정시간이 지나면 커머스 수수료를 제외한 금액이 연결된 나의 계좌로 입금이 된다. |

## 2 _ 직구 구매대행을 잘 하려면?

경쟁력 있는 상품을 잘 찾아서 나의 점포에 잘 편집하여 빠르고 많이 올려서 판매를 하는 것이 기본 사항이겠지만 이외에 직구 구매대행을 잘 하기 위해서 꼭 고려해야 하는 사항이 있다.

### ❶ 정보수집 / 교육

직구 구매대행과 연관된 많은 정보를 수집하고 교육등을 통하여 많이 배우고 습득하여 내것으로 만든다. 타오바오 완전정복 카페에서 진행하는 유튜브 직구 사입 마스터는 처음 시작하시는 분들에게 기본적인 과정을 전달하여 기초들 다지기에 유용하니 도움이 될 것이다.

### ❷ 좋은 배대지 찾기

직구 구매대행의 성공은 좋은 배대지를 찾느냐 못 찾느냐에 따라서 결정 난다고 말해도 과언이 아니다. 좋은 배대지라 함은 가격이 싼 배대지가 아니고 소통과 속도가 빠르고 믿을수 있는 배대지를 말하는 것이다.

### ❸ 본인만의 스타일 찾기

적성에 맞고 지식이 있는 아이템 카테고리를 주 품목으로 하는 것이 유리하다. 본인과 잘 맞는 판매방식과 판매 유형 그리고 마켓을 정하는 것이 중요하다. 운영하는 것이 재미가 있고 흥미가 있어야 포기하지 않고 오래 갈 수 있다.

### ❹ 솔루션 활용하기

다양하고 많은 상품을 빠르게 여려 쇼핑몰에 올려서 판매하는 것도 좋은 방법이니 연구하고 확인해 보기 바란다.

### ❺ 중국어

해외구매대행을 하기 위해서 언어가 꼭 필요한 것은 아니다. 최근에 좋은 번역기들이 많이 나와 있기 때문에 충분히 운영해 나갈수가 있다. 하지만 어느장도 언어를 할 수가 있다면 더 많은 장점이 될 수가 있다.

### ❻ 결론

위에 언급한 내용이 모두 중요한 내용이지만 가장 중요한 것은 절실함과 꾸준함으로 무장한 성실함이다. 하고자 하는 마음이 있으면 못 이룰 것이 없다는 마음가짐으로 진행해 나가면 성공할 수가 있다.

# 중국 직구를 이용한 다양한 실전 사례

- 자녀들의 옷을 구매하기 위해, 직구로 타오바오를 이용하는 어머님
- 수공예 악세사리 재료를 구매하기 위해 직구를 하는 A양
- 타오바오의 물건을 국내 오픈마켓에 업데이트 한 후 판매를 하고 있는 B군
- 코스프레 의상을 구매하기 위해 직구를 하는 C양
- 중국내 공장과 거래하기 전 중국 직구로 샘플 테스트하려는 초보 D사장

### 사례1. 김**님(여, 30세, 주부)

두 아이의 어머니인 김**님.

평소 온라인 쇼핑몰과, 오프라인 할인매장에서 자녀들의 옷을 구매했다. 어느 날 우연히, 중국 온라인쇼핑몰 타오바오를 알게 되었고, 한국에서 구매하는 것보다 타오바오에서 직구 시, 더 저렴하게 구매할 수 있다는 것을 몸소 체험한 후 꾸준히 타오바오를 이용하고 있다. 구매한 경험이 많아지면서 지인들의 부탁으로 대신 지인들의 옷을 타오바오에서 구매를 해주게 되었고, 이후에 꾸준히 발전하여 현재는 구매대행업을 하게 되었다.

### 사례2. 심**님(여, 23세, 의상학과 대학생)

평소에 쇼핑을 좋아하고 남들과 똑같은 옷을 입고 싶어하지 않는 의상학과 여대생 심**님.

가격도 저렴하고, 개성있고, 흔하지 않은 디자인의 옷들이 많은 타오바오에서 직구로 의류를 구매하고 있다. 사이즈가 우리나라와 조금 다르고, 상세페이지와 같지 않은 옷들을 구매한 적도 있었지만, 구매하면 할수록 좋은 상품을 고르는 눈을 기를 수 있었다.

### 사례3. 신**님(여,18세, 고등학생, 코스프레 블로그 운영)

코스프레 블로그를 운영하고 있는 고등학생 신**양.

행사때마다 의상 대여비용이 부담이 되었는데 타오바오 사이트에서 코스프레 의상을 주문한 이후로 비용에 구애받지 않고 행사를 준비할 수 있게 되었다. 비용이 저렴하고 다양한 제품이 있는 타오바오에서의 직구 구매방식에 큰 만족을 느끼고 있다.


### 사례4. 오**님(남, 39세, 온라인쇼핑몰 운영)

국내 오픈마켓을 운영하고 있는 오**님.

가격경쟁으로 매출이 많이 떨어져 고민하고 있을 때 해외직구라는 이슈를 접하고, 설명회를 듣고 구매대행업을 시작했다. 처음에는 현재 운영하고 있는 오픈마켓의 아이템인 의류를 시작으로 점점 아이템 종류를 넓혀가고 있다.

타오바오에는 한국에서 판매되지 않는 다양한 물품이 있기 때문에, 다른 판매자가 팔지 않는 오**님만의 제품을 찾을 수 있었다. 이로 인해, 최저가경쟁에서 스트레스 받지 않게 되었고 다시 온라인판매에 흥미를 느끼며 사업을 진행하고 있다.


### 사례5. 박**님(남, 38세, 오프라인 매장 운영)

중국 생산 공장과 직접 거래하여 대량으로 상품주문을 희망하는 박**님.

직접 중국에 방문하여 공장 미팅할 시간을 낼 수 없었던 박**님은 알리바바1688의 판매자들은 대부분 공장을 운영하며 도매 거래 방식 위주로 판매를 한다는 사실을 알게 되었다. 이때부터 알리바바1688에서 원하는 제품을 찾고, 낱개로 샘플을 직접 구매(직구)하여 테스트해보며 경쟁력있는 중국 거래업체를 찾고 있다.

## 1년 만에 직구 구매대행 전문가로 변신한 이민주

저는 오픈마켓에서 직구 구매대행 사업을 진행하고 있는 이민주라고 합니다. 필자가 운영하는 타오바오 완전정복을 통하여 직구에 대한 교육을 받고 직구 비즈니스를 시작한지 1년여 시간이 지나가고 있는 중입니다.

먼저, 직구의 길을 열어주고 직구 비즈니스를 통하여 만족할 만한 성과가 있도록 길을 인도해준 타오바오 완전정복 대표님 이하 직원스텝 분들에게 먼저 감사의 인사를 드립니다. 먼저 저는 중국 도매시장 물건을 사입하여 국내에 판매하는 일을 하고 있어서 '직구'라는 것이 어렵지 않을 것이라고 생각하고 접근을 하였으나, 의외로 쉽지 않은 여러 가지 복병들이 발목을 잡고 있던 차에 오래전부터 가입하여 활동하던 타오바오 완전정복에서 직구교육을 한다는 소식을 접하고 바로 신청하여 교육을 받았습니다.

교육은 타오바오를 중심으로 어떻게 직구를 시작하고 사입(상품 소싱)을 하며, 어떤 경로로 최종 소비자에게까지 상품이 전달되는지 전체 프로세스를 실무중심으로 세밀하게 진행됩니다. 이 교육이 무엇보다 좋은 점은 실전중심으로 함께 해보면서 진행하는 것이었고, 무엇보다 카페라는 듬직한 커뮤니티가 있어서 모르는 부분이나 궁금한 점은 카페 게시판을 통하여 언제든지 질문이 가능하고 댓글을 보면서 하나씩 배워 나갈 수 있다는 점입니다.

처음 시작할 때 어려워만 보이던 직구 시스템이 카페의 교육과 정보공유로 하나씩 채워져 나가면서 매출 또한 늘기 시작하여, 지금은 어떤 판매자 못지않은 의미 있는 매출을 올리고 있습니다. 기존에 하던 온라인 판매에 추가로 매출을 어느 정도만 올리자 하는 목표로 시작한 직구 비즈니스는 이제 메인 '비즈니스가 되어 작은 회사지만 지탱을 해주는 원동력이 되고 있습니다.

온라인 비즈니스가 다 그렇지만, 아이템 선정, 이미지 처리, 그리고 마케팅은 어떻게 할 지 등에 대한 고민도 물론 중요합니다. 상품제목을 잘 지어야한다, 대량 상품등록, 상품등록에 대한 테크닉이 중요하다 등등 많고 많은 교육과 말들이 많습니다만, 제 생각에는 모두 다 그냥 하는 말들이고, 정답은 정말로 열심히 열의를 가지고 꾸준히 하는 게 답이라고 생각합니다. 서적내용과 카페에서 진행하는 교육에서 말을 해주겠지만 직구라는 기본적인 시스템을 알면 정말로 단순하고 어렵지 않게 그리고 최소한의 투자비용으로 의미 있는 매출을 올릴 수 있습니다. 상품재고를 확보하지 않아도 이미지 촬영 등에 대한 시간과 비용을 투자하지 않아도 사무실이나 창고 등의 비용을 들이지 않고 상품만 열심히 찾아서 판매하고자 하는 쇼핑몰에 꾸준히 등록만 해주면 됩니다.

때로는 노력은 하는 것 같은데 매출은 나오지 않고, 그리고 시간과의 싸움, 그리고 자기 자신과의 싸움 때문에 포기할까 하고 생각도 많이 하기도 합니다. 그럴 때 마다 타오바오 완전정복 카페 대표님을 괴롭히면서 상담을 한 것이 저에게는 큰 도움이 되었습니다. 아무튼 그 시간을 지내면서 1년여를 꾸준히 하다보니까 지금은 어느정도 안정적인 매출이 올라오고 있어서 너무나 큰 만족을 하고 있습니다.

마침 타오바오 완전정복 카페에서 서적을 출판한다는 소식을 접하고 제가 도움을 많이 받은 것에 대한 작은 보답이라도 드리고자 체험담 인터뷰에 자청을 하였습니다. 사실 이 책이 출간이 되면, 그만큼 실력을 겸비하게 되는 많은 경쟁자들이 생기기 때문에 썩 달가운 기분은 아닙니다. 하지만 제대로 된 직구 관련 책이 출판되면 직구와 관련하여 카페에도 긍정적인 요소가 생길 것이라 생각되며, 잘못된 정보들이나 어수선한 직구 시장도 정리가 될 것이고, 건전하고 정상적인 시장이 형성되면서 올바른 경쟁구도를 통하여 함께 좋은 방향으로 발전해 나가는 것이 큰 틀에서 좋은 일이라고 생각합니다. 사실 타오바오 완전정복 카페 대표님이 항상 하는 말이기도 합니다.

이 책을 통하여, 많은 분들이 성공적인 직구 비즈니스를 운영하시길 바랍니다.

저는 직구 구매대행 2년차에 들어서는 아이싸 마트를 운영하고 있는 한찬우라고 합니다. 직구 비즈니스를 처음 시작하게 된 계기는 타오바오 완전정복 카페였습니다.

타오바오를 통한 상품 판매가 생각보다 쉽지 않고, 많은 어려움을 느끼던 차에 카페 매니저인 정민영 대표님의 권유를 통하여 직구 비즈니스를 시작하게 되었습니다.

시작단계에서 시행착오도 있었고, 뜻하지 않은 실수들 때문에 포기할까 고민도 많이 있었던 것도 사실입니다. 시작하고 3개월 정도가 지나면서 '아! 이 비즈니스는 괜찮은 사업이구나!' 라는 것을 느낄 수 있었고, 6개월 차에 접어들면서 의미있는 수익이 발생하기 시작하면서 더욱 집중과 확장을 하게 되었습니다. 지금은 월 2억원 정도 매출을 올리고 있어서 나름 안정기에 들어가 있지 않나 생각하고 있습니다.

각각 상황과 현실이 다르기 때문에 '어떤 방법이 가장 옳은 방법이다.' 라고 말하는 것은 현실적이지 않는 것 같습니다. 제 입장에서 직구에서 가장 중요한 것은 상품 선택과 배송(배대지)시스템이라고 생각합니다. 잘 팔릴만한 상품을 선택하는 것은 무엇보다 중요하지요. 만약 상품을 선택할 능력이 없다면, 가능한 한 많은 상품을 올려 주는 것도 좋은 방법이라고 생각합니다. 재고 없이 판매를 할 수 있기 때문에 가능한 방법이겠지요. 시즌상품이나 이벤트 상품을 미리 준비하여 공략하는 것도 좋은 방법이고, 나름대로 효과를 기대 할 수 있습니다.

좋은 배대지를 찾는 것은 직구 비즈니스가 성공을 할 수 있는지 없는지 판가름 하는 가장 중요한 요소 중에 하나입니다. 아무리 좋은 물건을 잘 올려서 판매가 이루어진다고 하더라도 상품검수나 원활한 배송이 이루어지지 않으면 아무소용이 없기 때문입니다. 좋은 배대지를 찾기 위한 노력을 절대로 게을리 하지 말아야합니다. 가격 등도 중요하지만 시스템과 소통을 눈여겨보시고 꼼꼼히 확인도 해보셔야 합니다.

모든 비즈니스가 마찬가지이지만, 특히 직구 비즈니스는 시간과의 싸움입니다. 열심히 시간 투자를 한 만큼, 결과를 보여줄 것입니다. 그 어떤 비즈니스 보다 장점이 많은 비즈니스라고 생각하며, 앞으로도 더욱 발전될 비즈니스라고 의심치 않고 있습니다. 타오바오 완전정복 카페와 함께 정보공유를 하고 학습을 할 수 있다는 장점도 빼놓을 수 없는 장점 중에 하나입니다. 마침 저에게 직구 구매대행 사업의 길을 열어준 타오바오 완전정복 카페에서 직구에 관련된 서적이 출간된다 하니 이 책과 함께 꾸준히 열심히 하시다 보면 틀림없이 좋은 결과로 이루어지실 것을 확신합니다.

# Taobao

# Alibaba

# CHAPTER 02

# 타오바오/알리바바1688 직구 준비하기

Lesson 01 타오바오/알리바바 직구 준비하기
Lesson 02 타오바오/알리바바에서 상품 고르는 방법

# 타오바오/알리바바 직구 준비하기

타오바오와 알리바바에서 원하는 상품을 직구하기 위해서는 가장 먼저 각각의 사이트에 회원가입부터 해야 된다. 여기서는 각각의 사이트의 회원 가입 방법에 대해서 알아본다.

## 1 _ 회원 가입하기(타오바오/알리바바)

### 1-1. 타오바오 신규회원 가입하기

새롭게 개정된 타오바오 회원가입은 비교적 간단하고 편리하게 가입 할 수 있도록 변경되었다. 다만 기존에 부여했던 회원명이나 비밀번호를 회원가입 시 적용하지 않아서 불편해 하거나 적응하기 힘들어 하는 분들도 계시시라 생각된다. 다음 내용을 단계별로 따라하면 무리없이 회원가입과 회원명 및 비밀번호 변경을 할 수 있다.

**01** 타오바오(https://world.taobao.com) 메인창을 열어 주고 좌측 상단이나 중간에 보이는 **免费注册**를 클릭해 준다

크롬 웹 브라우저를 이용하면 간편하게 중국어를 한국어로 자동 번역할 수 있다. 익스플로러는 자동 번역이 되지 않기
때문에 자동 번역 서비스를 이용하려면 크롬을 이용한다.

크롬의 자동 번역 결과가 완벽하지는 않지만 어떤 내용인지 알 수 있을 정도는 되기 때문에 편리하게 이용할 수 있다.
네이버 검색 창에서 '크롬'을 검색하고 '구글 크롬'을 클릭해서 접속한다.

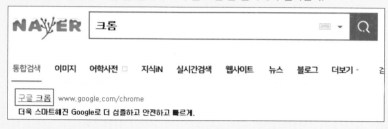

구글 크롬 사이트에서 [Chrome 다운로드] 버튼을 클릭하여 크롬을 설치한다.

구글 크롬에서 타오바오(https://www.taobao.com/) 사이트에 접속한 후 마우스 오른쪽 버튼을 클릭한다. 팝업창에서
'한국어(로) 번역' 메뉴를 클릭하면 중국어를 한국어로 자동 번역한다.

▲ 타오바오 중국어 페이지

[원본 보기] 버튼을 클릭하면 다시 중국어로 자동 변환된다. 다음은 한국어로 자동 번역된 타오바오 웹 페이지 화면이다.

▲ 타오바오 한국어로 번역된 페이지

**02** 열리는 창에서 국가는 한국, 핸드폰 번호를 기입한다. 핸드폰 번호는 앞의 '0'을 제외한 번호를 입력한다. **예** 1023456789

**03** 아래와 같인 창이 열리면 빨간박스( >> ) 위의 화살표를 누른 상태에서 우측으로 드래그(이동)하여 녹색으로 활성화시켜준다.

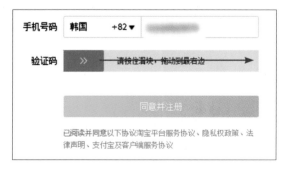
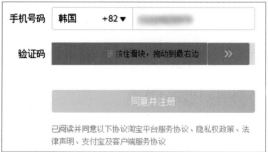

**04** 핸드폰에 도착한 인증번호를 입력하고 하단의 동의( 同意并注册 )를 클릭하면 간단하게 회원가입이 완료된다. 구 버전(이전의 타오바오)에서는 이 단계에서 회원명과 비밀번호를 입력해야 됐지만 새로운 버전(새로운 타오바오)의 가입 방법에서는 이 부분이 생략된 상태로 진행된다.

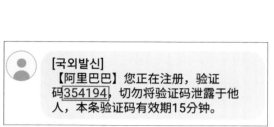

**05** 다음과 같이 타오바오 창이 열리면서 좌측 상단에 타오바오에서 자동으로 부여해주는 "tb～～" 형식의 회원 아이디가 보여진다. 이 아이디가 앞으로 타오바로 로그인 시 사용할 아이디이기 때문에 반드시 기억하거나 별도로 메모해 두어야 한다.

## 1–2. 비밀번호 설정하기

아이디만 알고 있는 상태면 로그아웃 후 로그인을 할 수가 없기 때문에 이 단계에서 반드시 비밀번호를 설정을 진행한다.

**01** 부여받은 아이디를 클릭한 후 상단메뉴에서 **我的淘宝**에 마우스를 올리면 나오는 창에서 아래 보이는 항목을 클릭한다.

**02** 열리는 창에서 맨 아래 부분 핸드폰 번호로 인증하기 버튼을 클릭한다.

**03** 핸드폰 인증 문자를 보내는 창이 열리면 문자를 발송하면 도착하는 6자리 숫자를 입력해준다.

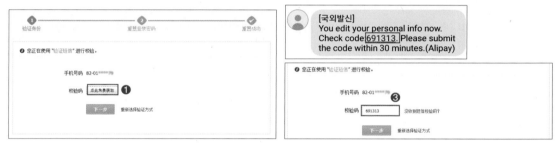

**04** 비밀번호 설정하는 창이 열리면 비밀번호를 설정한다. 특수문자나 한글은 인식을 하지 않으니 숫자와 영어를 이용하여 비밀번호를 작성한다.

**05** 비밀번호 설정이 완료되었다. 앞으로 이 비밀번호를 사용하여 로그인하면 된다.

## 1-3. tb임시회원명 교체와 로그인 거절 및 불가 시 해결 방법

타오바오 회원 가입시 임시로 받은 tbxxxxxx 아이디를 내가 원하는 회원명 아이디로 변경하는 방법과 로그인 거절, 불가 시 해결 방법에 대해서 알아보자.

## 임시아이디를 회원명 아이디로 변경하기

타오바오 회원 가입시 임시로 받은 tbxxxxxx 아이디를 내가 원하는 회원명 아이디로 변경해보자. 타오바오 회원가입을 처음 하는 분들은 가입과정에서 사용하는 핸드폰 번호 인증을 해 줌과 동시에 별도로 회원 아이디나 비밀번호를 만들지 않아도 자동으로 회원가입되어 로그인이 되고 tbxxxxxxxxxx형태의 임시 아이디가 발행된다. 이 tbxxxxxxxxxx 형태의 임시 아이디로도 로그인이나 사용이 가능하지만 정식 회원 아이디를 만들어서 로그인을 하고 사용하는 것이 여러 모로 편리하다.

이미 발급받은 임시 아이디를 내가 사용하고자 하는 타오바오 회원 아이디로 변경하는 방법을 알아보자. 타오바오 모바일 앱을 다운로드 받은 후 진행해야 한다. 먼저 핸드폰에 타오바오 앱을 설치를 한 후에 타오바오 앱을 통하여 로그인한다.

❶ 안드로이드용 타오바오 앱 설치

**01** 플레이 스토어에서 taobao를 검색하여 나오는 **手机淘宝**를 설치한다.

**❷ iOS 아이폰용 타오바오 앱 설치**

**01** 한국에서는 **淘宝lite** 버전만 보여지기 때문에 국가를 중국 잘 안되면 미국으로 바꿔서 **淘宝-太好逛 了吧**를 설치한다.

**02** 앱을 다운받고 설치하면 다음과 같이 핸드폰 바탕화면에 앱이 깔리게 된다.

**03** 앱을 클릭하여 타오바오를 활성화시켜 주고 타오바오에 등록한 나의 핸드폰 번호로 인증하고 등록한다.

**04** 열리는 타오바오 앱 하단에 보이는 **我的淘宝**를 클릭한다.

**05** 상단에 보이는 톱니바퀴(설정)를 클릭한다.

**06** 다음 화면의 항목에서 **账号与安全**을 클릭한다.

**07** 상단의 회원명 **会员 名**에 임시 회원명 tbXXXXX가 보입니다. 우측에 보이는〉를 클릭한다.

**08** 중앙에 보이는 주황색 박스 회원명수정 **修改会员名**을 클릭한다.

**09** 상단 빨강 박스에 사용하고자 하는 회원명을 기입하고 중앙 타원형의 수정내용 보존하기를 클릭한다.

**10** 회원 아이디가 변경되어 적용된 것을 확인할 수 있다. 앞으로 타오바오 로그인 시 이 아이디를 사용하면 된다.

**11** 비밀번호 역시 화살표 경로를 통하여 변경 설정이 가능한다. 화살표를 클릭하여 비번설정을 한다. 핸드폰으로 진행하기 어려운 경우 비밀번호 설정은 바로 이전에 설명드린 것처럼 PC에서 진행하는 것도 좋은 방법입니다.

## 타오바오 사이트에 로그인이 안될 때 처리 방법

타오바오를 처음 가입하는 분들 중 회원 아이디 때문에 이상하게 생각하여 계속해서 로그인을 시도하거나 잘못된 경로로 들어가서 시도하다 보면 어느 순간 타오바오 시스템에서 이상한 행위로 간주하거나 위험한 경로로 시도한다고 판단하여 로그인을 막아 버리는 경우가 종종 발생을 한다. 다음 화면처럼 아무리 다시 시도를 하여도 사이트 방문을 거절하거나 이메일로 인증을 받으라고 요청하거나 로그인을 허용하지 않는다는 문구가 뜹니다. 또는 24시간 이후에 다시 시도를 하라는 문구가 나오고 24시간 이후에 시도를 해도 계속 같은 문구만 나오게 된다.

**❶ 이메일 인증을 통하여 계정 활성화**

**❷ 로그인 허용 불가**

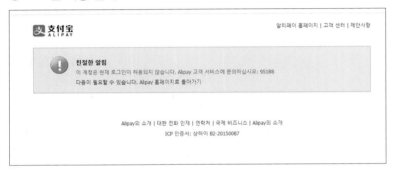

이럴 경우 다운받은 모바일 앱을 실행하여 로그인한다. 다음 내용을 따라하면 쉽게 로그인을 하실 수 있다.

**01** 다시 PC로 이동하여 타오바오 사이트에 로그인한다.

**02** 로그인 창이 나오면 우측 모서리에 있는 QR 코드 로그인을 클릭하여 QR 코드 로그인을 활성화 한다.

**03** 상단 주소창에 보이는 QR 코드 읽기를 클릭하여 PC 로그인 창에 보이는 QR 코드를 읽는다.

**04** 변경된 회원 아이디로 로그인이 잘 되었다. 이 상태에서 이전에 설명한 비밀번호 변경하기를 추가로 진행한다.

이상 타오바오 모바일 앱 다운로드 방법 그리고 tb로 되어있는 타오바오 회원 아이디를 수정하거나 만드는 방법과 타오바오에 로그인이 잘 안될 때 로그인 방법에 대해서 알아봤다.

---

**알고가자!**  |  **타오바오 로그인 관련 팁**

- **타오바오 아이디와 비밀번호는 알리바바1688과 연동된다.**
  타오바오에 회원가입을 하면 알리바바1688에도 연동이 되어, 타오바오와 동일한 아이디와 비밀번호로 로그인 할 수 있다. 하지만, 알리바바1688에 먼저 회원가입한 경우에는, 타오바오 사이트에 다시 한 번 회원가입을 진행해야한다.

- **타오바오 로그인 시 인증번호 요청 메시지**
  타오바오에 로그인을 할 때, 갑자기 나오는 메세지에 당황할 수 있다. 이것은 바로 인증번호요청 메시지이다. 새로운 PC에 로그인을 할 때마다, 타오바오 사이트에서는 회원가입시 입력한 전화번호로 인증번호를 발송하고 수신한 인증번호를 입력해야만이 로그인이 될 수 있도록 보안을 철저히 하고 있다. 한 대의 PC에 매일 로그인을 일주일 이상 한 뒤에는, 인증번호를 입력하지 않아도 된다. 하지만, 3달 이상 로그인을 하지 않은 후, 다시 로그인을 할 경우에는, 다시 인증번호 요청 메시지가 나온다.

## 2 _ 판매자와의 채팅창 다운받기

타오바오/1688알리바바에서 물건을 구매할 때(상품문의, 재고문의)와 구매후(발송문의, 환불문의)에, 판매자와 소통하는 일이 자주 발생한다. 이 때문에 판매자와의 채팅창 다운은 필수이다.

**01** 타오바오 첫페이지, 메뉴에서 **我的淘宝**(관리자페이지)를 클릭하여 페이지를 이동한다.

**02** 열리는 페이지 상단 메뉴 우측 **网站导航**에 마우스를 올리면 하위 메뉴가 보이고 이중에서 **旺信**을 클릭해 준다.

**03** 메신저를 선택하는 창이 열리는데 여기에서 물방울 모양의 아리왕왕(阿里旺旺)=판매자와 채팅창
을 선택하여 클릭한다.

※ 우측 황소 아이콘 千牛
는 판매자 전용이고 점포
가 없는 사람은 사용할 수
가 없다.

**04** 立即下载(바로 다운받기) 버튼을 클릭한다.

**05** 다운받을 위치를 선택하고, 本地下载(이곳에 다운받기) 버튼을 클릭한다.

**06** 바탕화면에 생성된 아리왕왕(阿里旺旺) 아이콘을 누른다.

**07** 화면 중간의 快速安装(급속다운) 버튼을 눌러준다

**08** 타오바오 아이디와 비밀번호를 입력하고 로그인한다.

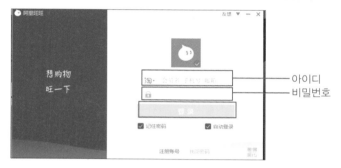

아이디
비밀번호

**09** 판매자와 대화를 나눌 수 있는 채팅창이 활성화된다.

**10** 아리왕왕(阿里旺旺) 채팅창에 로그인이 된 상태에서 타오바오 상품 페이지 우측에 있는 물방울 모양을 클릭하면 판매자와 대화를 할 수 있다.

## 알고가자!   아리왕왕(阿里旺旺) 채팅창 주요기능 살펴보기

❶ 나의 관심제품 : 타오바오 내의 인기제품, 이벤트제품, 티몰 전자제품, 공동구매제품, 쿠폰사용가능 제품, 체험단모집 제품, 경매제품이 안내되어있는 창이다.

❷ 나의 타오바오 : 타오바오의 거래내역을 한눈에 볼 수 있는 창(타오바오 주문서, 장바구니, 즐겨찾기상점, 내가 다녀간 상점, 쿠폰, 알리페이)이다.

❸ 나의 지갑 : 알리페이 잔액확인과 송금, 계좌이체가 가능한 창이다.

❹ 상대방의 아이디와 그룹채팅명으로 대화기록을 검색할 수 있는 창이다.

❺ 최근대화기록을 확인할 수 있는 버튼이다.

❻ 친구추가한 사람들을 확인할 수 있는 버튼이다.

❼ 속해있는 그룹채팅창을 확인할 수 있는 버튼이다.

❽ 설정 : 타오바오 공지확인, 아리왕왕 개인정보 변경, 아리왕왕 시스템개요, 비밀번호 변경, 다른계정으로 로그인, 로그아웃 등 아리왕왕의 전반적인 시스템관리 창이다.

❾ 기본설정 : 아리왕왕 로그인, 채팅창, 계정, 단축키, 채팅 문자체에 대한 기본설정 창이다.

❿ 채팅기록 관리 : 생성한 그룹별로 채팅내용을 확인할 수 있는 창이다.

⓫ 친구추가 : 아리왕왕 아이디로 친구추가할 수 있는 창이다.

❶ 所有订单(모든 주문서) : 타오바오에서 진행한 모든 주문서를 한번에 볼 수 있다.(결제대기, 발송대기, 수령대기, 평가대기 주문서)

❷ 待付款(결제대기) : 장바구니에만 담겨있고, 결제전인 주문서이다.

❸ 待发货(발송대기) : 결제완료된 후 발송전인 주문서이다.

❹ 待收货(수령대기) : 발송완료된 후 고객이 아직 수령하지 않은 주문서이다.

❺ 待评价(평가대기) : 배송지에 도착 완료된 후 고객의 평가를 기다리고 있는 주문서이다.

❻ 물방울 : 주문서의 판매자와 대화를 할 수 있는 버튼(파란색물방울 : 판매자 온라인상태/검정색물방울 : 판매자 오프라인상태)이다.

"❻ 물방울" 버튼을 클릭하면 아래의 채팅창이 활성화 된다.

❶ 문자체, 문자크기, 문자색상 변경 버튼이다.

❷ 이모티콘 버튼이다.

❸ 그림 불러오기 버튼이다.

❹ 문서 불러오기 버튼이다.

❺ 자주쓰는문장 생성, 불러오기 버튼이다.

❻ 캡쳐 기능 버튼이다.

❼ 메모장 불러오기 버튼이다.

❽ 판매자에게 전할 내용을 입력하는 곳이다.

❾ 닫기 버튼 : 채팅창을 닫는 버튼이다.

❿ 전송 버튼 : 입력한 대화내용을 판매자에게 전송하는 버튼이다.

# LESSON
# 02

# 타오바오/알리바바에서 상품 고르는 방법

## 1 _ 키워드로 상품 검색하기

타오바오에서 상품을 검색할 때 사용하는 가장 기본적인 방법이다. 한 아이템의 다양한 스타일과 가격대를 알아볼 때 유용한 방법이다.

### 1-1. 상품명으로 검색하기
❶ 타오바오에서 상품명으로 상품 검색하기
다음은 타오바오에서 상품을 검색하는 방법이다.

**01** 타오바오 검색 창에, 원피스(상품명, **连衣裙** : 간체)를 입력한다. 중국어 단어쓰기가 익숙하지 않다면 번역기를 이용하는 방법이 있다. 번역된 단어를 복사하여, 타오바오 검색 창에 붙여넣기 한다.

## 02 검색(搜索) 버튼을 클릭한다.

## 03 원피스(连衣裙)가 검색된 화면을 확인할 수 있다.

**❷ 알리바바1688에서 상품명으로 상품 검색하기**

알리바바1688에서 상품명으로 검색하는 방법은 타오바오와 동일하다.

다음은 알리바바1688에서 검색하는 방법이다.

**01** 패딩점퍼(상품명, 羽绒服)를 검색 창에 입력한 후 검색(搜索) 버튼을 클릭한다.

**02** 패딩점퍼(羽绒服)가 검색된 화면을 확인 할 수 있다.

## 1-2. 카테고리 검색으로 상품 검색하기

### ❶ 타오바오의 카테고리 검색으로 검색하기

타오바오에서 상품을 검색할 때 원하는 카테고리 버튼을 클릭하면 더 심화된 검색을 할 수 있다.

❶ 天猫(티몰) : 티몰상품만 검색해준다.

❷ 二手(중고제품) : 중고제품만 검색해준다.

❸ 品牌(브랜드) : 브랜드명으로 검색해준다.

❹ 尺码(사이즈) : 사이즈별로 검색해준다.

❺ 您是不是想找(추천검색어) : 타오바오에 쌓인 데이터로 검색어를 추천해준다.

❻ 综合排序(종합순위) : 모든 카테고리 항목을 종합해서 우수한 상품부터 검색해준다.

❼ 销量(판매량) : 판매량이 높은 상품부터 검색해준다.

❽ 信用(신용) : 신용등급이 높은 상품부터 검색해준다.

❾ 价格(가격) : 가격대별로 검색해준다.

· 价格从低到高 : 저가부터 고가로 검색해준다.

· 价格从高到低 : 고가부터 저가로 검색해준다.

· 总价从低到高 : 무료배송상품 중 저가부터 고가로 검색해준다.

· 总价从高到低 : 무료배송상품 중 고가부터 저가로 검색해준다.

⑩ 发货地(발송지) : 상품발송지별로 검색해준다. 발송지가 그 상품의 특산지인 경우가 많다.

⑪ 包邮(무료배송) : 무료배송상품만 검색해준다.

⑫ 赠送退货运费险(환불운송비보험) : 환불운송비보험에 해당하는 상품만 검색한다.

⑬ 货到付款(착불) : 착불상품만 검색한다.

⑭ 新品(신상품) : 신상품만 검색한다.

⑮ 公益宝贝(공익상품) : 상품을 구매하면 일정의 금액이 불우이웃돕기성금으로 보내어지는 상품만 검색한다.

⑯ 正品保障(정품보장) : 정품이 보장되는 상품만 검색한다.

⑰ 7+天内退货(7일내 교환*환불 가능) : 7일안에 교환과 환불이 가능한 상품만 검색한다.

⑱ 海外商品(해외상품) : 해외상품만 검색한다.

카테고리의 更多부분을 클릭하면 보여집니다.

## 【실제 예】

'상품명 : 겨울여자장갑(冬季女手套)'을 티몰(天猫)과 저가~고가(价格~低到高)의 두 개의 카테고리로 검색해보았다.

**01** 타오바오 검색 창에 '상품명 : 겨울여자장갑(冬季女手套)'을 입력한 후 검색(搜索) 버튼을 클릭한다.

**02** 하단의 카테고리에서 티몰(天猫)항목을 선택한 후 저가~고가(价格从低到高)항목을 선택한다. 티몰제품으로, 저가에서 고가순으로 검색된 '겨울여자장갑' 상품들을 확인 할 수 있다.

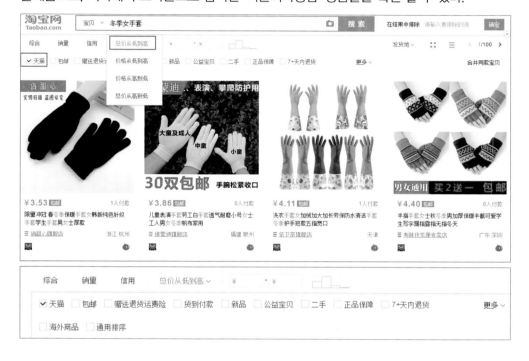

❷ 알리바바1688의 카테고리 검색으로 검색하기

알리바바1688에서 카테고리로 검색하는 방법도 타오바오와 동일하다. 단, 카테고리명은 약간씩 다르다.

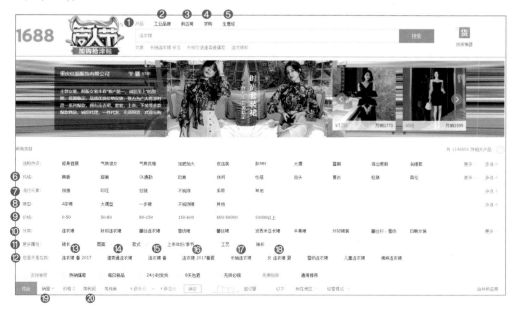

❶ 产品(상품) : 상품명으로 검색해준다.

❷ 工业品牌(공업브랜드) : 공업품 브랜드만 모여있는 imall.1688.com 사이트로 이동된다.

❸ 供应商(공급상) : 검색어의 공급상을 검색해준다.

❹ 求购(구매자) : 검색한 상품을 구매하기 원하는 업체를 검색 할 수 있다.

❺ 生意经(Q&A) : 검색한 상품에 대한 질의응답 공간으로 이동된다.

❻ 风格(스타일) : 상품을 스타일을 기준으로 검색할 수 있다.

❼ 流行元素(유행 포인트) : 상품의 유행 포인트를 기준으로 검색 할 수 있다.

❽ 价格(가격) : 가격대별로 상품을 검색 할 수 있다.

❾ 分类(분류) : 상품을 더욱 세분화하여 검색할 수 있다.

❿ 更多属性(속성) : 1번~9번의 카테고리외의 상품속성으로 검색 할 수 있다.

⓫ 您是不是在找(추천검색어) : 알리바바에 쌓인 데이터로 상품의 검색어를 추천해준다.

⓬ 支持拿样(샘플지원) : 샘플을 구매할 수 있는 상품을 검색 할 수 있다.

⓭ 热销爆款(인기상품) : 판매량이 높고, 인기 있는 상품을 검색 할 수 있다.

⓮ 每日新品(매일신상) : 매일 업데이트 되는 신상품을 검색 할 수 있다.

⓯ 24小时发货(24시간내 발송) : 구매 후 24시간내 발송 가능한 상품을 검색 할 수 있다.

⓰ 8天包退(8일내 환불가능) : 구매 후 8일내, 환불이 가능한 상품을 검색 할 수 있다.

⓱ 无货必赔(재고 없을시, 배상가능) : 재고가 없을 시, 배상이 가능한 상품을 검색 할 수 있다.

⓲ 免费赊账(외상가능) : 외상가능상점을 기준으로 검색할 수 있다.(사이트에서 요구하는 외상가능구매
   자의 조건에 충족했을 시, 외상으로 구매할 수 있다.)

⓳ 销量(판매량) : 판매량이 많은 상품 기준으로 검색할 수 있다.

⓴ 淘利润(타오바오 이윤) : 타오바오 사이트에서 판매되고 있는 소매가와 비교했을 때, 이윤이 높은
   기준으로 검색할 수 있다.

淘月销(타오바오 월판매량) : 타오바오 월 판매량이 높은 기준으로 검색할 수 있다.

起订量~以下(최소주문수량) : 최소주문수량에 따라서, 검색 할 수 있다.

所在地区(발송지) : 발송지를 기준으로 검색 할 수 있다.

经营模式(경영방식) : 상점운영방식을 기준으로 검색할 수 있다.

(ø 직접 생산하는 상점, 대리판매만 하는 상점 등)

【실제 예】

'상품명 : 어그부츠(雪地靴)'를 생산가공업체(生产加工) 카테고리로 검색해보았다.

**01** 알리바바1688 검색 창에 '상품명 : 어그부츠(雪地靴)'를 입력한 후 검색(搜索) 버튼을 클릭한다.

**02** 하단의 카테고리에서 생산가공업체(生产加工)를 선택한다. 생산가공업체의 어그부츠 상품이 검색된 화면을 확인 할 수 있다.

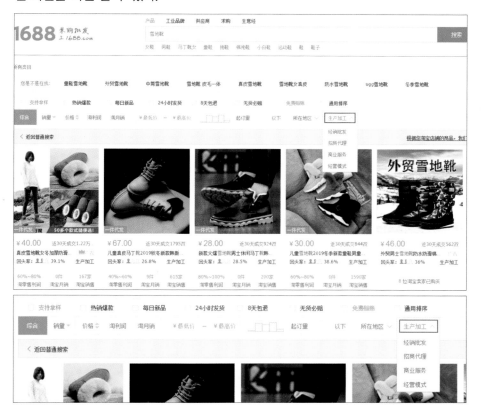

# 2 _ 이미지로 상품 검색하기

이미지로 상품을 검색하는 방법으로 최근에 가장 많이 사용되는 방법이다. PC와 모바일 앱 모두 가능하다.

❶ 타오바오에서 상품 검색하기(PC 버전)

01 검색할 상품 이미지를 PC에 저장한다.

02 타오바오 메인화면 검색 창 옆의 사진기 버튼을 클릭한다.

03 검색할 상품을 선택한다. 필자는 '토끼모자'를 선택해보겠다.

**04** 선택한 이미지(토끼모자)와 같은 상품이 검색된 화면을 볼 수 있다.

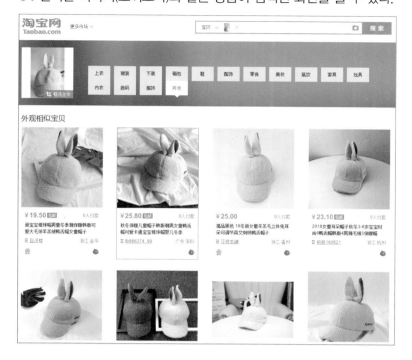

❷ 타오바오에서 상품 검색하기(모바일 버전)

**01** 타오바오 모바일 앱을 켠다.

**02** 타오바오 첫 페이지 검색 창 옆의 사진기 버튼을 클릭한다.

**03** 정중앙 카메라 버튼을 눌러 검색할 상품 사진을 찍는다. 또는, 하단 좌측의 사진함 버튼을 눌러 핸드폰사진보관함에 있는 사진 중에서 선택한다.

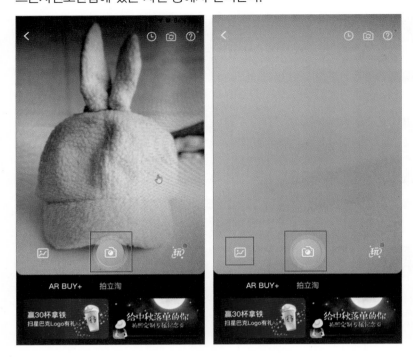

**04** 선택한 상품과 동일한 이미지의 상품 검색결과를 볼 수 있다.

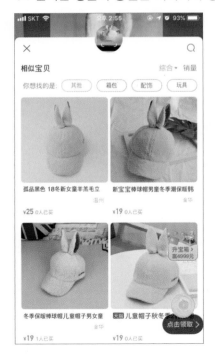

**❸ 알리바바1688에서 상품 검색하기(PC 버전)**

**01** 검색할 상품 이미지를 PC에 저장한다.

**02** 알리바바1688 첫 페이지 검색 창 옆의 사진기 버튼을 클릭한다.

**03** 검색할 상품(캡 모자)을 선택한다.

**04** 선택한 이미지(캡 모자)와 같은 상품이 검색된 화면을 볼 수 있다.

❹ 알리바바1688에서 상품 검색하기(모바일 버전)

**01** 알리바바1688 모바일 앱을 켠다.

**02** 알리바바1688 첫 페이지 검색 창 옆의 사진기 버튼을 클릭한다.

**03** 정중앙 원형 버튼을 눌러 검색할 상품 사진(캡 모자)을 찍는다. 또는, 하단 좌측의 사진함 버튼을 눌러 핸드폰 사진 보관함에 있는 사진 중에서 선택한다.

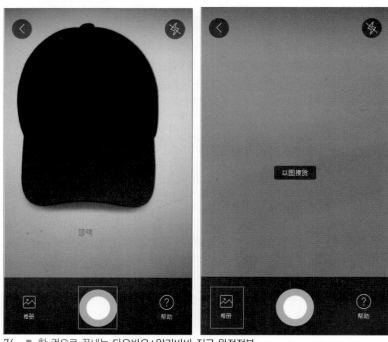

타오바오 회원가입부터 상품검색까지 원활하게 진행하기 위해서는 타오바오 모바일을 다운받아야 된다. 안드로이드 폰이라면 일반 앱 다운받는 방법으로 진행하면 되지만 아이폰은 중국계정을 만든 후 다운을 받는 방식이다. 지금부터 함께 다운을 받아보자.

01 앱 스토어 첫 페이지. 우측 상단의 사람모양을 누른다.

02 계정에서 상단의 이메일과 이름이 적어져 있는 곳을 누른다.

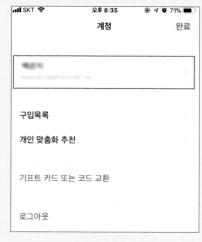

**03** '국가/지역'부분을 누른다.

**04** '국가 또는 지역변경'을 누른다.

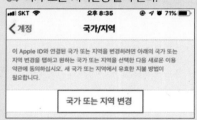

**05** '중국본토 혹은 중국'을 선택한다.

## 06 '동의' 버튼을 클릭한다.

## 07 한 번 더 '동의' 버튼을 클릭한다.

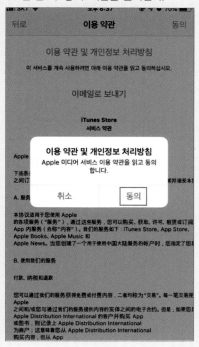

**08** 지불방식을 선택해 주는 항목으로, '无(없습니다)'를 선택한다.

**09** 청구주소를 적는 항목으로, 상단의 도로명(街道),우편번호(邮政编码 : 임의로 6자리를 채워준다),행정구역(市级行政区),전화번호(电话号码 : 임의로 11자리를 채워준다)를 입력한 후 '다음' 버튼을 클릭한다.

**10** 국적이 '중국'으로 바뀌어, 타오바오(淘宝) 앱이 검색되어지는 것을 확인 할 수 있다.

타오바오(淘宝) 앱을 다운 받은 후 다시 국적을 중국→)한국으로 바꾸어준다. 방법은 동일하다.

**01** 이메일과 영문이름이 입력되어져 있는 빨간색 네모부분을 누른다.

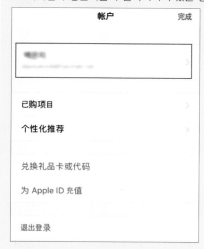

**02** 国家/地区(국가/지역)부분을 누른다.

**03** 更改国家或地区(국가/지역변경하기) 부분을 누른다.

## 04 韩国(한국)을 선택해준다.

| 上一页 | 国家/地区 |
|---|---|
| 冈比亚 | |
| 刚果共和国 | |
| 哥伦比亚 | |
| 哥斯达黎加 | |
| 格林纳达 | |
| 圭亚那 | |
| 哈萨克斯坦 | |
| 韩国 | |
| 荷兰 | |

## 05 同意(동의) 버튼을 클릭한다.

| 上一页 | 条款与条件 | 同意 |
|---|---|---|

Apple 媒体服务条款与条件

要使用此服务，您必须先阅读并同意这些条款与条件。

### 通过电子邮件发送

**iTunes Store**
**服务条款**

Apple Media Services Terms and Conditions

These terms and conditions create a contract between you and Apple (the "Agreement"). Please read the Agreement carefully. To confirm your understanding and acceptance of the Agreement, click "Agree."

IMPORTANT NOTICE: If you're paying with an international branded credit or debit card, including local co-branded cards, you may be charged fees by your card issuer. Contact your card issuer if you have any questions about the fees. In order to access certain Content (as defined below) including games rated 17+, you must be 19 years or older. Apple may verify your age in order to comply with applicable local laws and regulations.

A. INTRODUCTION TO OUR SERVICES

This Agreement governs your use of Apple's services ("Services"), through which you can buy, get, license, rent or subscribe to content, apps ("Apps"), and other in-app services (collectively, "Content"). Content may be offered through the Services by Apple or a third party. By creating an account for use of the Services in the Republic of Korea you are specifying that as your country of residence for tax purposes, and our

## 06 지불방법 선택란에 '없음'을 선택한 후 주소를 입력해준다.

| 뒤로 | 国家/地区 | 下一页 |
|---|---|---|

付款方式
您在购物时才会被收费。

| 신용/직불 | |
|---|---|
| 카카오페이 | |
| 휴대폰 | |
| 없음 | ✓ |

帐单寄送地址

| 도로명 | 필수 |
|---|---|
| 도로명 | 선택 사항 |
| 시/군/구 | 필수 |
| 시/도 | 선택 |
| 우편 번호 | 필수 |
| 电话 | 010    558-93152 |

国家或地区 : 대한민국

**07** '완료' 버튼을 누르면 중국→한국으로 국적변환이 된다.

## 3 _ 타오바오와 알리바바1688에서 A급 상품 고르는 노하우

타오바오와 알리바바1688에는 동일한 상품도 가격대가 다양하기 때문에 여러 상품 중에서 좋은 상품을 선택하는 것이 매우 중요하다.

좋은 상품 확인 시 다음과 같은 중요도 높은 항목 순으로 살펴보도록 하자.

- 1순위 : 상점 점수 확인
- 2순위 : 상점 판매량 확인
- 3순위 : 판매자 신용등급 확인
- 4순위 : 상품후기 확인

### 3-1. 타오바오에서 좋은 상품 고르기

### 3-1-1. 상점 점수 확인하기

수많은 상점의 상품사진 중에서 가장 먼저 상품 좌측 하단의 삼단줄의 색(❶)을 확인해보자.

그림1과 같이 3선이 모두 빨간색이면 가장 우수한 상점이다.

그림2와 같이 파란색과 초록색이 섞여있는 선의 상점 물품보다, 그림1과 같이 3선이 모두 빨간색인 상점의 물품을 우선순위에 놓자.

▲ 그림 1                    ▲ 그림 2

### 3-1-2. 상점 판매량 보기

상품가격 옆의 숫자(❷)가 월 판매량이다.

그림1의 상품은 월 1704개, 그림2의 상품은 월 10개로, 판매량이 많은 상품은 좋은 상품일 가능성이 높다.

▲ 그림 1                    ▲ 그림 2

### 3-1-3. 판매자 신용등급 보기

타오바오에 입점되어 있는 상점들은 모두 판매자마다 신용등급이 있다.

대부분 개인판매자로 이루어져있는 타오바오에서 물건을 구매할 때에는 신용등급 확인은 필수이다.

타오바오는 상품 구매 후 구매자가 직접 판매자를 평가할 수 있다. 배송이 빠르거나 구매한 상품이 우수하다면 평가가 좋기 때문에 판매자의 신용등급도 높다.

판매자의 신용등급은 하트, 다이아, 청관, 황관으로 갈수록 등급이 올라간다. 청관 이상의 상점은 운영기간도 오래되고 좋은 상품을 판매할 가능성이 높기 때문에 청관 이상의 상점 위주로 상품을 구매하는 것을 추천한다.

| 점수 | 등급 |
| --- | --- |
| 4分-10分 | ♥ |
| 11分-40分 | ♥♥ |
| 41分-90分 | ♥♥♥ |
| 91分-150分 | ♥♥♥♥ |
| 151分-250分 | ♥♥♥♥♥ |
| 251分-500分 | ♦ |
| 501分-1000分 | ♦♦ |
| 1001分-2000分 | ♦♦♦ |
| 2001分-5000分 | ♦♦♦♦ |
| 5001分-10000分 | ♦♦♦♦♦ |
| 10001分-20000分 | ♔ |
| 20001分-50000分 | ♔♔ |
| 50001分-100000分 | ♔♔♔ |
| 100001分-200000分 | ♔♔♔♔ |
| 200001分-500000分 | ♔♔♔♔♔ |
| 500001分-1000000分 | ♛ |
| 1000001分-2000000分 | ♛♛ |
| 2000001分-5000000分 | ♛♛♛ |
| 5000001分-10000000分 | ♛♛♛♛ |
| 10000001分以上 | ♛♛♛♛♛ |

▲ 타오바오 판매자 신용등급

상품페이지 우측을 보면 판매자 신용등급을 확인할 수 있다. 이 판매자는 황관이 1개이다.

즉, 신용등급이 높고, 상품 가격이 적절히 저렴한 판매자의 상품을 구매한다.

어떤 판매자의 상품을 구매할까요?     ❶ 신용등급높고, ❷ 적절히 저렴한 상품

### 3-1-4. 상품후기 보기

타오바오에서 판매되고 있는 상품의 수가 많은 만큼, 상세페이지의 이미지와 다른 상품이 판매될 가능성 또한 높다. 그래서 상품 후기를 확인하는 것 또한 놓치면 안 되는 점이다. 특히 사진 후기를 보고 확인하는 것이 가장 좋다.

상세페이지의 중간부분에 있는 累计评论(평가보기) 버튼을 클릭하면 상품후기를 볼 수 있다.

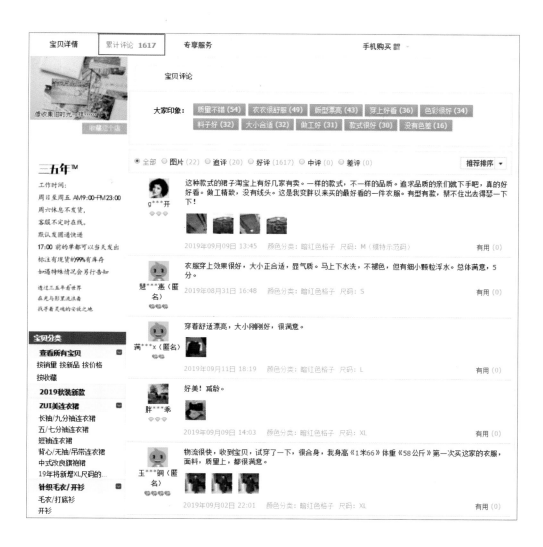

알고가자! 타오진비란?

타오바오에서만 사용할 수 있는 가상화페이다. 타오바오 아이디로 로그인후 마이페이지에서 출석체크 형식으로 매일 타오진비 5개를 받을 수 있다. 100타오진비는 인민페 1위안으로, 상품을 구매할 때 사용할 수 있다.

상품가격 하단에서 타오진비를 사용할 수 있는 액수를 확인할 수 있다.

- **타오바오 상점과 티몰 상점 구분하는 방법**

타오바오 사이트는 티몰 사이트를 포함하고 있기 때문에, 타오바오 사이트에 들어가면 티몰 상품까지 모두 한눈에 검색 할 수 있다.

티몰 상품은 브랜드가 있는 제품으로, 타오바오 상품보다 여러 가지 면에서 우수한 상품일 가능성이 높다. 하지만 가격적인면에서는 타오바오 상품이 더 저렴하다.

상품을 검색한 화면에서 하단의 빨간색 봉투가 있다면 티몰 상품이다.

## 3-2. 알리바바1688에서 좋은 판매자 찾아서 협상하기

알리바바1688 사이트의 판매자는 크게 물품을 생산하는 공장인 경우와 유통업체로 나누어진다. 비율로 봤을 때, 생산 공장은 30%, 유통업체는 70%이다. 알리바바1688 사이트에서 A급상품을 고르는 방법은 바로 생산 공장을 찾는 것이다.

유통업체가 판매자인 상점에서 생산 공장 판매자인 것처럼, 구매자를 속이는 경우도 있기 때문에, 상품을 구매하기 전, 꼭 판매자와 채팅으로 대화를 진행해야한다. 채팅 진행시, 현지공장사진과 실시간 공장내부 동영상을 요청해서 확인하는 방법이 있다.

생산 공장 판매자를 찾는 과정을 살펴보자. 여기서는 "보온병(保溫瓶)"의 생산 공장 판매자를 찾아보겠다.

**01** 검색 창에 "보온병(保温瓶)" 검색어를 입력한 후 검색(搜索) 버튼을 클릭한다.

**02** 카테고리 하단의 生产加工(생산가공) 버튼을 클릭한다.

**03** 검색된 상품들의 대표이미지에 生产加工(생산가공) 단어가 입력되어있는 것을 확인할 수 있다.

**04** 대표이미지 우측 하단의 물방울 모양을 클릭하여, 판매자와 대화를 시도한다.

## 4 _ 상품 주문과 주문 후 주의해야할 사항

직구가 보편화 되면서, 직구를 통한 사업화 또한 빠르게 성장하고 있다. 바로 구매대행과 국내 온라인·오프라인 매장에서 직구상품의 판매이다. 해외에서 상품을 구매하는 것이기 때문에 구매자는 수입자가 된다. 해외에서 구매한 제품이 국내에 도착하게 되면 수입통관을 거치게 되는데, 이때 법령에서 요구하는 수입요건에 맞지 않는 물품은 통관이 지연되게 된다. 3가지 입장 (직구, 구매대행, 직구상품 재판매)의 수입요건과 상품주문과 주문 후에 주의해야할 점들을 준비해 보았다.

### 4-1. 중국 직구

❶ 수입요건 확인

해외에서 직접구매(직구)한 물품이 국내에 도착하여, 수입통관절차를 진행할 때, 개인사용목적으로 구매한 물품은 수입요건승인절차가 면제되어, 일반적인 인증을 받지 않아도 된다. 직구로 구매 한 물품은, 개인사용목적으로 구매한 물품이기 때문에 대부분의 물품은 면제대상이다. 하지만 수입요건승인절차가 면제 되지 않는 대상도 있으니, 유의해야한다.

- 수입요건승인절차 면제되지 않는 대상(개인사용 목적으로 구매 시)
  식물, 동물, 축산품 등(이외의 물품은 '국민신문고'사이트에 문의하기)

❷ 개인통관고유번호

2019년 11월 4일부터 개인통관고유번호가 없는 건은 모두 목록통관이 진행되지 않기 때문에, 직구 시, 개인고유통관부호를 발급받아야 한다. 발급받는 방법은 간단하다.

관세청통관고유번호(https ： //unipass.customs.go.kr/csp/persIndex.do) 사이트로 들어가서 발급받을 수 있다.

- 주문한 상품금액이 150 달러가 초과되지 않게 주문

주문한 상품금액(상품가격＋해당국가내 운임비＋해당국가내 세금)이 150달러이하이면 관세가 면제된다. 이 때문에 구매 시 금액을 잘 계산해야한다.

**· 개인통관고유번호란?**

관세청이 개인물품 수입 신고 시 개인정보 유출을 방지하기 위해 주민등록번호 대신 사용하는 13자리 부호로, 한번 부여받은 번호는 반복 사용이 가능하다.

해외직구 물품의 목록통관 시 개인통관고유부호를 의무적으로 제출하지 않아 실제 수하인을 확인하는 게 쉽지 않았다. 이런 맹점을 이용해 타인 명의로 수입해 면세 적용을 받은 후 국내에서 판매하는 사례가 많았다.

이에 2019년 6월 3일부터는 선택기재 사항이던 개인통관고유부호를 필수기재 항목으로 변경하도록 개정된「특송물품 수입통관사무처리에 관한 고시」가 적용되었으며 이로 인해 목록통관 때에도 일반수입신고와 같이 개인통관고유부호를 필수로 기재해야 된다.

**· 목록통관이란?**

❶ 정의

송수하인 성명, 전화번호, 주소, 물품명, 가격, 중량이 기재된 송장만으로 통관이 가능한 통관제도이다. 수입신고를 생략하기 때문에, 관세나 부가세 등 세금이 면제가 되고, 수입승인 등 별도절차가 필요하지 않은 물품만 이용가능하다.

❷ 목록통관이 가능한 금액

목록통관 기준금액은 물품가격 미화150불 이하이다. 다만, 한미 FTA에 따라, 미국에서 구입하여 미국에서 발송되는 제품에 한해 미화 200불까지 목록통관이 가능하다.

❸ 목록통관에 운임*보험료가 포함되는지요?

목록통관 기준금액은 물품가격 기준이다. 목록통관 기준금액인 물품가격에는 발송국가에서 우리나라로 배송되는 운임과 보험료는 미포함 된다. 하지만 발송국 내에서 발생하는 세금과 내륙운임, 보험료는 포함된다.

## 4-2. 구매대행

소비자의 원하는 제품을 해외사이트에서 대신 구매하여 주는 구매대행업체는 소비자의 명의로 수입하여 판매한다. 수입자가 소비자가 된다. 이 경우, 수입하는 물품은 소비자의 자가소비용으로 한정한다. 구매대행 시 KC인증 없이 구매대행이 가능한 제품이 있고, 구매대행이 불가능한 제품이 있다.

이 제품들은 4-7의 ❸ 항목에서 살펴보자.

## 4-3. 국내에서 재판매(수입업자)

직구 한 물건을 국내에서 재판매할 경우, 상업적 목적으로 수입하는 경우로, 수입하고자 하는 제품이 국내에 통관 가능한 제품인지 확인하고, 일련의 수입절차와 요건을 따라야한다. 확인하는 방법을 살펴보자.

❶ 수입계획한 제품이 국내에 통관 되는 제품인지 확인하기
- 관세청에 전화하여 문의(연락처 : 125)

❷ 수입계획 제품의 수입요건 확인하기(2가지 방법)
- 인증표준콜센터에 문의
- 인증표준콜센터 연락처 : 1381

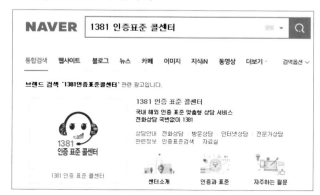

- "국민신문고" 사이트에 문의(www.epeople.go.kr)

## 01 "국민신문고"사이트에 로그인 한다.

## 02 "민원신청"을 클릭한다.

## 03 수입할 제품의 수입요건에 대한 문의글을 작성한다.

**04** 문의글을 처리해 줄 기관을 선택한 후 "신청" 버튼을 클릭한다.

**05** 문의글이 신청완료 되었다.

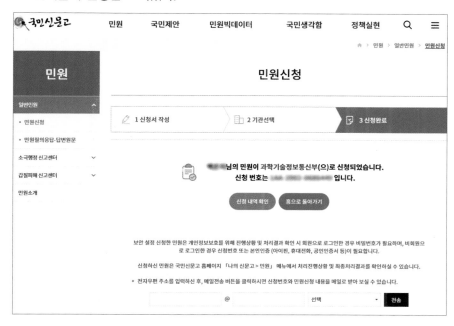

직구와 구매대행의 차이점

|  | 직구 | 구매대행 |
|---|---|---|
| 구매 | 자신 | 구매대행 업체 |
| 수입주체 | 자신 | 구매대행 업체를 이용하는 소비자 |
| 수입요건 면제 범위 | 대부분의 상품 면제 | 제한적 |
| 환불, 반품 | 해외판매자와 직접 해결해야함 | 구매대행 업체에서 해결 |

## 4-4. 지식재산권(지적재산권) 침해되는 상품 사전에 검색

직구한 물건을 수입하고, 재판매하는 경우에 주의해야할 점 1순위는 바로 지식재산권(지적재산권) 침해 여부를 확인하는 일이다. 만약 지식재산권에 침해되는 물품을 수입했을 경우 통관이 보류되며 설상 통관되더라도 여러 가지 복잡한 절차를 거친 후에야 수령할 수 있고, 또한 폐기되는 경우도 있다.

만약 지식재산권 침해되는 물품을 판매했을 경우는 지적재산권자는 손해배상을 청구할 수 있기 때문에 합의금은 물론 벌금이 부과되고 형사처벌까지 받을 수 있기 때문에 각별히 주의해야한다.

## 4-4-1. 지식재산권의 종류

지식재산권은 특허권, 상표권, 디자인권, 실용신안권, 저작권 등을 총칭하는 개념으로 다음과 같은 종류가 있다.

❶ 특허권
• 창작물(발명)을 그 창작자(발명자)가 일정기간 그 창작물(발명)을 독점적이고 배타적으로 소유 또는 이용할 수 있는 권리를 말한다.
• 특허권은 특허를 출원한 해당 국가에서만 적용 가능하다.

❷ 상표권
• 상표는 자신의 상품이 다른 상품과 구분할 수 있는 표시이며, 상표권은 등록상표를 지정상품에 독점적으로 사용할 수 있는 권리이다.
• 상표권을 출원한 해당 국가에서만 적용 가능하다.

**❸ 디자인권**

• 디자인을 등록한 창작자가 그 등록한 디자인 또는 이와 유사한 디자인을 독점적이고 배타적으로 사용할 수 있는 권리이다.

• 디자인권은 출원한 해당 국가에서만 적용 가능하다.

**❹ 저작권**

• 창작물을 만든 창작자가 자신이 만든 창작물(저작물)에 대해 가지는 권리이다.

• 저작권은 전 세계 모든 국가에서 적용 가능하다.

## 4-4-2. 지식재산권 침해 상품의 대표적인 사례 살펴보기
다음은 가장 많이 발생되는 지식재산권 침해 사례이다.

**❶ 중국 판매자들이 판매하는 상품의 이미지가 해외사이트의 사진을 무단으로 복사해서 올려놓은 경우(저작권 침해)**

타오바오와 알리바바1688 사이트에는 한국 쇼핑몰에서 판매하는 상품 이미지를 무단으로 사용하는 상점들이 늘어나고 있는 추세이다. 만약 중국 판매자가 한국 쇼핑몰에서 판매하는 상품의 이미지 사용 허락을 받았더라도, 그 이미지의 저작권이 제3자에게 있다면 이미지 사용에 따른 저작권 침해로 고소를 당할 수 있다. 설상 고의가 아니었다 하더라도 증명할 방법이 없기 때문에 상품 이미지를 사용할 때는 각별히 주의해야한다.

우측은 저작권 침해 사례이다. 다음 사진속의 상품은 타오바오의 한 상점에서 한국에서 운영중인 쇼핑몰에 등록된 상품 이미지를 동의없이 무단으로 사용한 예이다.

❷ 중국 판매자가 판매하는 상품에 대한 상표권이 이미 한국에서 출원된 경우(상표권 침해)

타오바오 혹은 알리바바에서 판매되는 상품의 상표가 중문으로 표시되었다면 한국에서 재판매 시 주의하지 않는 경우가 많다. 하지만 상표가 영문 혹은 중문이더라도 그 상표가 이미 한국에서 등록된 상태라면 한국에서 이 상표를 사용할 경우 상표권 위반에 해당된다.

## 4-4-3. 지식재산권 침해 상품 검색하기

❶ 상표권 검색하는 방법

해외직구로 구매한 상품의 상표가 한국에서 상표로 등록된 경우, 해당상표권을 국내에서 무단으로 사용할 경우, 상표권 침해에 해당된다. (병행수입의 경우는 제외한다.)

한국에 등록된 상표권을 확인하는 방법을 살펴보자.

**01** 관세청 전자통관 시스템 홈페이지(https : //unipass.customs.go.kr)에 접속한다.

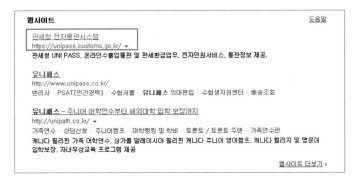

**02** 관세청 전자통관 시스템 홈페이지 상단의 '정보조회' 메뉴를 클릭한다.

**03** '통관정보–수입–상표권 세관신고 정보' 메뉴를 클릭한다.

**04** '검색구분'을 '상표명'으로 지정한 후 입력 박스에 확인할 상표명을 입력하고 '조회' 버튼을 클릭하여 검색한다.

조회 결과에 검색한 상표명이 나오지 않는다면 한국에서 상표권을 출원하지 않은 것이므로 사용이 가능하다.

## 알고가자! 병행수입이란?

### ❶ 병행수입이란?

같은 상표의 상품을 여러 수입업자가 수입하여 국내에서 판매할 수 있는 제도이다. 수입공산품의 가격인하를 유도하기 위해 1995년 11월 허용되었다. 단, 모든 상품이 병행수입의 대상은 아니다. 국내외 상표권자가 동일인이거나, 같은 계열 사 또는 본ㆍ지사관계, 독점 수입대리점 등 자본 거래가 있는 특수관계인 경우에는 다른 수입업자가 이 상품을 수입해 판매할 수 있게 된다. 하지만 예외의 경우가 있다. 외국상품의 국내 상표권자가 국내에서 독자적인 제조ㆍ판매망을 갖고 있는 경우에는 병행수입이 허용되지 않는다.

### ❷ 병행수입 가능한 상품 검색하기

**01** 위 "지식재산권 침해 상품 검색하기"의 상품권 검색하기 마지막 단계의 ❹'검색구분'을 '상표명'으로 지정한 후 상표 명을 입력하여, 검색한다. 부분부터 이어서 진행하면 된다.

**02** 검색된 상표명을 클릭한다.(상표명 : VANS)

**03** '상표권(상표권자)기타 신고정보'의 '병행수입 가능여부' 부분에서 확인할 수 있다.

관세청 전자통관 시스템(https : //unipass.customs.go.kr)에서 조회되지 않는 상표의 경우, 다음 순서에 따라 병행수입 가능여부를 판단 할 수 있다.

01 특허정보넷(www.kipris.or.kr)에서 상표 조회 후 국내 상표권자 및 상표등록번호 확인
02 특허로(www.patent.go.kr)에서 상표등록원부를 온라인으로 발급(공인인증서 로그인 필요) 받은 후 전용사용권자 설정여부를 확인한다. 또는 특허청 고객센터(1544-8080)로 문의하여 전용사용권자 등 권리관계를 확인한다.
03 국내상표권자 및 전용사용권자의 무입 및 제조여부를 확인한다. (기업공시자료 등 참조)
04 위와 같이 확인된 권리관계 등을 병행수입 가능 요건 규정과 비교하여, 병행수입 가능 여부를 판단한다.

▲ 관세청 참조

## 4-5. 제품이 파손된 경우 대응과 배상

### ❶ 주문자가 업체인 경우

제품주문을 배송대행업체가 진행했을 경우, 대응과 배상에 관한 부분은 업체가 진행한다.

### ❷ 주문자가 본인인 경우

제품주문을 본인이 진행했을 경우, 직접 판매자에게 연락을 하여, 교환 혹은 환불을 진행해야한다. 배대지에서 상품파손연락을 받은 즉시, 아리왕왕(타오바오 구매자 채팅창)으로 판매자와 소통하여 방법을 찾아야 한다. 다음은 타오바오에서 직접 물품주문과 결제까지 마친 후 배대지로부터 상품파손 연락을 받은 후 본인이 직접 아리왕왕(타오바오 구매자 채팅창)으로 판매자와 문제를 해결하는 대화창이다. (상품의 뚜껑이 찌그러진 상황)

구매자 : 안녕하세요. 이 상품은 주방에서 사용하는 건데, 뚜껑이 망가졌으면 사용할 수 없습니다. 환불해주세요.
판매자 : 사용하실 수 없으시면 뚜껑 하나를 더 보내드릴께요.
구매자 : 무료배송으로 보내주시는 거에요?
판매자 : 네
구매자 : 감사합니다. 발송하신 후에, 저에게 송장번호 알려주세요.

## 4-6. 반품/환불 대응하기

구매대행으로 진행했다면 반품과 환불 업무는 업체에서 진행하게 된다.

만약, 타오바오와 알리바바1688 사이트에서 직접 결제를 진행했다면 반품/환불 업무도 직접해야한다. 반품과 환불을 진행시, 일방적으로 불이익을 당하게 된다면 타오바오 사이트에 신고를 해서, 중재를 부탁할 수 있다. 이에 반해 알리바바1688에서는 사이트의 중재보다는 판매자와 직접 해결하는 방법이 더 신속하게 해결 할 수 있다.

### 4-6-1. 타오바오에서의 반품 및 환불

타오바오에서 반품 및 환불 절차를 물건 수령 전과 후 상황에 따른 진행 절차에 대해서 알아본다.

❶ 물건 수령 전 반품 및 활불 절차

**01** 타오바오에 로그인을 한 후 我的淘宝(나의 타오바오)를 클릭한다.

**02** 待收货(수령할 물품) 버튼을 클릭한다.

**03** 환불할 주문서에서, 退款/退货(환불/반품) 버튼을 클릭한다.

**04** 退款原因(환불/반품사유)를 선택 해 준 후 提交(제출) 버튼을 클릭한다.

- 退款商品(환불상품)
- 服务类型(서비스 유형)* : 仅退款(환불)
  　　　　　　　　　　　退货退款(반품 후 환불)
- 货物状态(상품상태)* : 未收到货(미수령)
  　　　　　　　　　　已收到货(수령)
- 退款原因(환불사유)* : 多拍/拍错/不想要(주문실수/변심)
  　　　　　　　　　快递一直未收到(택배사에서 물건 미수령)
  　　　　　　　　　未按约定时间发货(발송시간 초과)
  　　　　　　　　　快递无跟踪记录(물류조회 없음)
  　　　　　　　　　空包裹/少货(빈박스, 수령물품 부족)
  　　　　　　　　　其他(기타)
- 退款说明(환불에 대한 설명)
- 上传图片(상품사진 업로드)
- 提交(제출)

**05** 请等待商家处理(판매자의 승인을 기다리세요) 메시지가 뜬 후 판매자가 환불승인을 해주면 환불 금액이 구매자의 알리페이로 입금된다. 보통은 환불 신청 완료 후 2~3일 후 판매자에게 회신이 온다.

❷ 물건 수령 후 반품 및 활불 절차

물건 수령 후 환불하는 방법은 "물건 수령 전 반품 및 활불 절차"의 따라하기 ❶~❸번까지는 동일하다.

**01** 타오바오에 로그인을 한 후 我的淘宝(나의 타오바오)를 클릭한다.

**02** 待收货(수령할 물품) 버튼을 클릭한다.

**03** 환불할 주문서에서, 退款/退货(환불/반품) 버튼을 클릭한다.

**04** 我要退款(无需退货)(환불신청, 반품할 필요없음)와 我要退货退款(물건을 반품하고, 환불신청) 중 후자를 선택한다.

**05** 请等待商家处理(판매자의 승인을 기다리세요) 메시지가 뜬 후 판매자가 환불승인을 해주면 반품 주소를 받고, 물건을 발송한 후 발송송장번호를 입력한다. 물품이 반송지에 도착하면 환불금액이 알리 페이로 입금된다.

## 4-6-2. 알리바바1688에서의 반품 및 환불

타오바오에서 반품 및 환불 절차를 물건 수령 전과 후 상황에 따른 진행 절차에 대해서 알아
본다.

### ❶ 물건 수령 전 반품 및 활불 절차

**01** 알리바바1688 사이트에 로그인을 한 후 我的阿里(나의 알리바바)를 클릭한다.

**02** 待收货(수령할 물품) 버튼을 클릭한다.

**03** 환불할 주문서에서 申请退货(환불신청) 버튼을 클릭한다.

**04** 환불할 상품을 선택한 후 오른쪽하단의 주황색버튼 确定退款货品(환불상품 확정) 버튼을 클릭한다.

**05** 退款原因(환불/반품사유)를 선택한 후 申请退款(환불신청) 버튼을 클릭한다.

- 货品情况(상품상태)* : 没有收到货品(상품 미수령)
- 退款原因(환불원인)* : 不想买了(변심)/等不及(배송기간을 기다리지 못함)/拍错(주문실수) 卖家缺货(품절)
- 卖家不支持在线交易(판매자측에서 온라인판매 거절)
- 未按约定时间发货(약속된 시간에 미배송)
- 卖家调价(판매자측에서 가격조정)
- 退款货品金额(환불상품금액)
- 退款运费金额(환불운임금액)
- 退款说明(환불사유 설명)

**06** 판매자가 환불승인을 한 후 환불금액이 구매자의 알리페이로 입금된다.

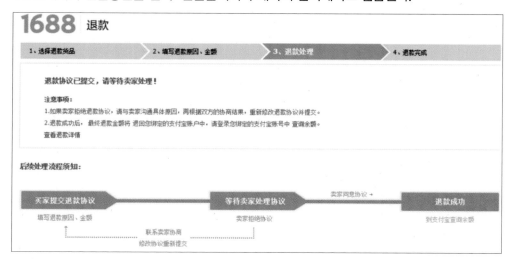

### 4-7. KC인증, 제대로 알아야 되는 이유

타오바오와 알리바바1688 사이트에서 구매를 하여 구매대행과 수입(병행수입 포함)을 진행하는 경우 KC인증을 받아야 하는 제품과 받지 않아도 되는 제품에 대해서 살펴보자.

※직구의 경우 대부분 물품은 KC인증이 면제된다.

### ❶ KC인증 정의

다음 그림과 같이 지식경제부·노동부·환경부·방송통신위원회·소방방재청 등 각 부처마다 다르게 사용하던 13개 법정 인증마크를 통합해 2009년 7월 1일부터 단일화한 국가통합인증마크다.

# 5 _ 판매자와 채팅창으로 거래 문의 및 협상하기

구매할 상품이 결정된 후 물품찜하기를 눌렀다면 판매자와 상품가격에 대해서, 문의 및 협상이 가능하다. 필자는 겨울부츠를 검색한 후 판매자와 가격흥정을 하려고 한다. 지금부터 진행해보겠다.

**01** 타오바오 메인화면의 검색어 창에 '여성 토트백(手提包女)'를 입력한 후 검색 버튼을 클릭한다.

**02** 검색된 상품 중 여러 가지 조건('3_타오바오와 알리바바1688에서 A급 상품 고르는 노하우' 참고)을 고려하여, 상품을 선택한 후 상품이미지 하단의 물방울 모양을 눌러 판매자와 대화를 시도한다.

**03** 필자가 판매자에게 판매가 298위안인 가방을 2개 구매 시 할인혜택이 있는지 문의 중 판매자가 가방 한개를 280위안으로 판매하기로 결정했다.

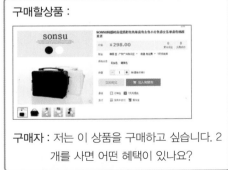

구매할상품 :

구매자 : 저는 이 상품을 구매하고 싶습니다. 2개를 사면 어떤 혜택이 있나요?

판매자 : 고객님 배송지가 어디세요?
구매자 : 광저우입니다.
판매자 : 가방 한 개에 8위안씩 깎아줄께요.
구매자 : 2개 샀을 때, 각각 290위안인거죠?
판매자 : 정말 구매하실거라면 가방 한 개에 280위안에 줄께요.
       더 이상 가격흥정하지 말아주세요.

**04** 색상은 화이트, 수량은 2개로 선택한 후 "지금구매(立即购买)" 버튼을 클릭한다.

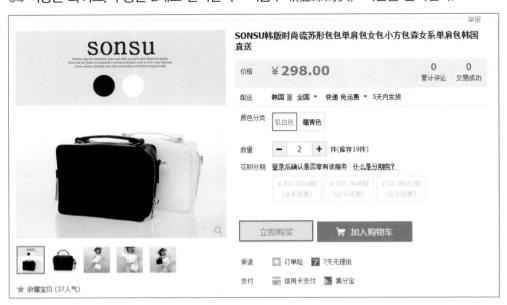

**05** 배송지와 선택한 옵션이 맞는지 확인한 후 "물건찜하기(提交订单)" 버튼을 클릭한다.

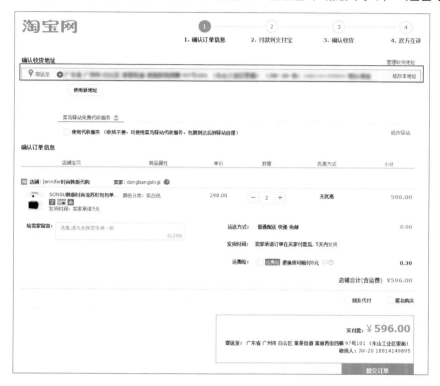

**06** 판매자에게 가격수정을 요청한다.

**07** 판매자가 가격을 수정하면 타오바오 사이트에서 가격수정완료 메시지를 보내준다. 원 가격(298위안*2=596위안)에서 수정된 가격(280위안*2=560위안)을 확인하고 결제(立即付款) 버튼을 클릭한다.

타오바오 사이트에서 국내사이트와 다른점 중 하나는 바로 "찜하기" 기능이 있다는 것이다. 한국의 쇼핑몰은 "장바구니에 넣기->결제"로 이어지는 반면 타오바오는 "장바구니에 넣기 or 결제하기->찜하기->결제"가 이루어진다. '찜하기' 버튼을 누른 후 주문서가 타오바오 판매자에게 전송이 되고, 판매자가 가격수정을 할 수 있다. 가격흥정은 타오바오와 알리바바구매 묘미 중 하나이다. "찜하기" 과정을 살펴보자.

**01** 구매할 상품(에코백)을 선택 한 후 장바구니에 넣기(加入购物车) 버튼을 클릭한다.

**02** 구매할 상품 옵션과 배송지가 맞게 입력되었는지 확인한 후 "찜하기(提交订单)" 버튼을 클릭한다. 이 상태에서 판매자에게 가격수정을 요청할 수 있다.

**03** 에코백 3개 가격(220위안*3=660위안)에서 600위안으로 가격흥정에 성공했다. 가격이 수정된 주문서를 확인한 후 결제(立即付款) 버튼을 클릭한다.

# 중국어 극복하는 방법

중국 직구를 할 때 아리왕왕(채팅창)에서 판매자와 대화를 나누어야 하는 경우가 적지 않다. 예를 들면 상품문의, 가격협상, 발송문의, 배송지 변경 등 구매한 물품이 많을수록, 판매자와 대화횟수도 늘어난다. 중국어에 익숙하지 않다고 해서 크게 걱정하지 않아도 된다. 아래의 3가지 방법을 이용하면 심화된 대화를 제외한 그 이외의 대화는 거의 가능하다.

- 방법1. 번역기이용하기

구글번역기(그림1)와 네이버 파파고 번역기(그림2)를 추천한다.

▲ 그림 1

▲ 그림 2

- 방법2. 아리왕왕(阿里旺旺) 채팅창 이모티콘 이용하기

아리왕왕(阿里旺旺) 채팅창에는 다양한 이모티콘이 있다. 이 이모티콘만 잘 활용하면 간단한 대화는 가능하다. ❶ ❷ ❸ 감사함을 나타낼 때(예 : 가격흥정이 성공했을 때), ❹ ❺ 대화내용이 이해가 되지 않을 때, ❻ 곤란함을 나타낼 때, ❼ ❽ ❾ : 가격흥정이 잘 되지 않을 때 ❿ 미안함을 나타낼 때, ❼ ❽ ❾ ⓫ ⓬ 놀라움 혹은 당황스러움을 나타낼 때

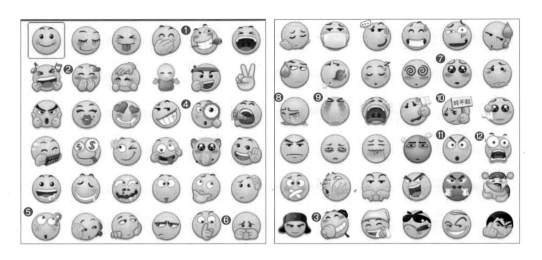

• 방법3. 기본 문장 가지고 있기

그림1처럼 자주 사용하는 문장을 정리해 놓으면 판매자와 채팅할 때, 쉽고 빠르게 대화를 진행할 수 있다.

| 문의종류 | 한국어 | 중국어 |
|---|---|---|
| 상품 | 재고있나요? | 有货吗? |
| | 재질이 어떻게 되나요? | 这是什么材质的? |
| | 다른 (색상/디자인)은 없나요? | 有没有别的(颜色/款式)? |
| | 샘플받아볼 수 있을까요? | 能收到样品吗? |
| | 샘플을 써 본후, 마음에 들면, 다음에 대량구매를 할 생각입니다. | 试用样品后,如满意,下一步打算大量采购。 |
| | 재입고는 언제 되나요? | 什么时候能再进货呢? |
| 발송 | 언제 발송되나요? | 什么时候能发货? |
| | 발송송장번호를 알려주세요. | 请告诉我发货单号。 |
| | *월*일에 주문한 상품을 아직도 받지 못했습니다. | *月*号付款的货,我还没收到。 |
| | 급하게 쓸 물건입니다, 최대한 빨리 발송해주세요. | 急需用的东西,请尽快发货。 |
| | 배송지(수령인,연락처)를 변경해주세요. | 请变更(配送地址/收件人/手机号码) |
| | ( 설 /추석/노동절)연휴는 언제부터입니까? | ( 春节/中秋节/劳动节)什么时候开始放假? |
| 가격흥정 | 2개사면, 어떤 이벤트가 있나요? | 如果我买2个, 有什么优惠? |
| | 조금 저렴하게 해주세요. | 请您便宜一点儿。 |
| | 쿠폰 있나요? | 有优惠券吗? |
| | ~위안으로 저에게 판매해주세요, 다음에 또 올께요. | 请您卖给我**元,下次我再来。 |
| | 물건을 찜했습니다, 가격을 수정해주세요. | 我提交订单了,请您改价格。 |
| | 지금결제하겠습니다. | 现在我付款。 |
| 환불*교환 | 어제 주문한 상품을 취소하고싶습니다, 방법을 알려주세요. | 想取消昨天订购的商品,请告诉我方法。 |
| | 빨간색 상품을 주문했는데, 검은색 상품을 받았습니다. | 订购了红色商品,收到黑色商品。 |
| | 상품교환해 주세요, 물품보낼 주소지를 알려주세요. | 请更换商品,告诉我发货地址。 |
| | 상품이 파손되어왔습니다. 환불해주세요. | 商品破损。 请给我退款。 |
| | 환불방법을 알려주세요. | 请告诉我退款方法。 |
| | 상품이 상세페이지와 너무 다릅니다. 반품해주세요 | 商品与详细页面太不一样了。 请退货。 |

▲ 그림 1

그림2는 아리왕왕(阿里旺旺) 채팅창에 자주 사용하는 문장을 정리해 놓은 파일에서 "有货吗？(재고 있나요?)" 문장을 복사해서 붙여넣기한 화면이다.

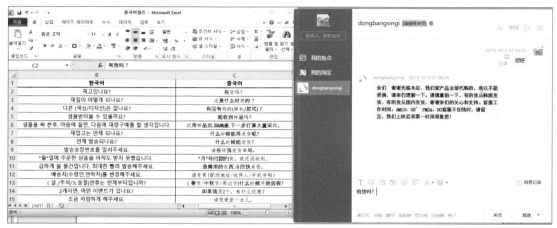

▲ 그림 2

# Taobao

# Alibaba

# 타오바오/알리바바에서
# 제대로 직구하기

Lesson 01 타오바오/알리바바 배대지 입력하기
Lesson 02 타오바오/알리바바 상품 구매하기

# 타오바오/알리바바 배대지 입력하기

## 1 _ 배대지란?(배송대행지)

해외 직구 시 판매자가 직배송을 하지 않는 경우 해당국가에서 대신 물건을 받아 구매자의 국가로 보내주는 곳으로 '배송대행지'의 준말이다. 예를들면 중국에 있는 타오바오의 판매자가 중국에 있는 배대지 주소로 내가 주문한 상품을 배송하면 배대지에서 그 상품을 받은 뒤 각종 검수 및 재포장 등의 과정을 거친 후 한국에 있는 구매자에게 물건을 보내는 방식이다.

다음은 타오바오(판매자), 배대지, 구매자(한국) 간의 흐름도이다.

※ 배대지업체는 제품을 한국의 구매자에게 보내고 검수나 재포장 등의 업무를 해주면서 그 댓가로 일정 수수료를 받는다. 보통 제품의 kg을 기준으로 수수료를 책정한다.

## 2 _ 배대지를 이용해야하는 이유

타오바오와 알리바바1688 사이트의 판매자들 대부분은 중국국내배송을 주로 진행하고, 해외배송을 진행하는 경우는 매우 드물다. 그렇기 때문에, 판매자가 한국으로 직배송 할 경우, 운임비가 10배정도 높아지게 된다. 만약 중국현지의 배송대행지(배대지)를 이용하게 된다면 운임을 절약할 수 있고, 더욱 안전하게 물품을 받을 수 있다.

# 3 _ 배대지 선정 시 유의사항

## ❶ 배대지는 무조건 소통이 잘되는 곳으로

직구 시, 물품이 해외에서 국내로 배송되기 때문에, 여러 가지 이유로 배송이 원활하게 이루어 지지 않는 경우가 종종 생긴다. 가장 많이 발생하는 이유들을 살펴보자. 아래와 같은 일들이 발생했을 때, 막힘없이 연락이 될 수 있는 배대지가 가장 중요하다.

- 배대지에 물품이 도착 후 몇 일 동안 발송이 이루어지지 않을 때
- 배대지에서 국내로 발송 중 세관에서 계속 물건이 발송되지 않을 때
- 배대지에 물건이 도착 후 물품을 주문한 고객이 주문을 취소했을 때(구매대행의 경우)
- 배대지에 도착한 물품이 불량 혹은 오배송인 경우

## ❷ 서비스가 무엇인지, 어디까지 인지 반드시 확인하고 시작하기

배대지마다 진행하는 서비스와 가격이 조금씩 차이가 있다. 처음 시작할 때, 기본 배송비부터 추가서비스 비용까지 정확하게 하고 시작해야 한다. 그렇지 않을 경우, 이용을 하다가 배대지 업체와 마음이 맞지 않아, 좋은 관계가 계속해서 유지되지 않는 경우가 있다.

- 추가 서비스 비용 체크
- 기본검수는 어디까지인지
- 디테일한 검수의 종류와 비용
- 도착한 물품 사진전송 비용
- 합배송 비용
- 박스포장 비용

## ❸ 발송방법 확인하기

배대지에서 발송은 크게 항공과 해운 두 가지로 나누어진다. 평균적으로 배대지에서 국내까지 항공은 5~7일, 해운은 항공보다 배송기간이 더 걸린다. 비용 면에서도 항공이 해운보다 높다.

## ❹ 결제방법 확인하기

배대지를 이용하며 발생되는 모든 비용을 결제하는 방법이 배대지 마다 다르다. 예치금 형식으로 미리 금액을 입금한 후 충전하는 방식, 카드결제 등 본인에게 편한 방식의 배대지를 선택하면 된다.

❺ 기본적인 보상조항이 있는지 확인하기

물품이 배송 중 대부분 파손 없이 안전하게 도착하지만, 배송 도중 파손의 가능성은 항상 존재한다. 이러한 일 이 발생할 것을 항상 염두에 두고, 배대지에서 보상해 줄 수 있는 범위는 어디까지 인지, 어떻게 진행하는 지 꼼꼼하게 체크해야한다.

배대지를 선정할 때, 3곳 정도 함께 이용해 보는 것을 추천한다. 같은 상품을 3곳을 통해서 발송해 본 후 5가지 유의사항을 비교해서 본인과 맞는 배대지를 선택해야한다. 많은 사람들이 사용하고 평이 좋은 배대지도 자신과 맞지 않을 수 있기 때문에 직접 사용해보고 자신과 맞는 배대지를 찾아야한다.

# 4 _ 배대지 입력하기

배대지가 선정 되었다면 배송지주소를 나의 타오바오와 알리바바1688 사이트의 배송지 주소란에 입력해 주어야 한다. 먼저 타오바오 배송지부터 입력해 보자.

## 4-1. 타오바오에서 배송지 주소 입력하기

**01** 타오바오 사이트에 로그인을 한 후 우측 상단의 我的淘宝(나의 타오바오)를 클릭한다.

**02** 중간 부분의 我的收货地址(나의 배송지)를 클릭한다.

**03** 화면상단의 切换(변경) 버튼을 눌러 배송지의 국가를 선택한다.

**04** 中国大陆(중국대륙)을 클릭한다.

**05** *地址信息(주소정보)옆의 네모칸을 클릭 한 후 중국 배대지의 성(省), 시(市), 구(区), 도로명(街道) 을 선택한다.

**06** 배대지정보를 입력한다.

❶ * 详细地址(상세주소)를 입력한다.

❷ 邮政编码(우편번호)를 입력한다.(중국의 우편번호는 6자리이다.)

❸ *收货人姓名(수령인성명)을 입력한다.(배대지에 따라서 부여해주는 고유번호를 넣는 경우도 있다.)

❹ *手机号码(핸드폰 번호)를 입력한다. 중국 국가번호 86으로 선택한 후 중국 핸드폰 번호(11자리)를 입력한다. 핸드폰번호를 입력 후 저장이 되지 않는다면 -를 제외하고 핸드폰번호를 입력한다. (예 : 12345678912)

❺ 设置为默认收货地址(고정배송지로 설정) 버튼을 클릭하면 현재 저장한 배송지가 고정배송지가 된다.

❻ 모두 입력한 후 하단의 保存(저장)을 클릭하면 배대지 주소 입력이 모두 끝난다.

## 4-2. 알리바바1688에서 배대지 주소 입력하기

**01** 알리바바1688 사이트에 로그인을 한 후 우측 상단의 我的阿里(나의 알리바바)를 클릭한다.

**02** 좌측의 收货地址管理(배송지 관리)를 클릭한다.

**03** 좌측 중간부분의 收货地址(배송지) 버튼을 누른 후 우측 중간부분의 新增收获地址(배송지 추가)
버튼을 클릭한다.

**04** 배송지 정보를 입력한다.

❶ 收货人(수령인)을 입력한다.

❷ 所在地区(지역)을 입력한다.

❸ 详细地址(상세주소)를 입력한다.

❹ 邮编(우편번호)를 입력한다.(6자리)

❺ 手机(핸드폰번호)를 입력한다.(11자리)

　固定电话(다른 연락처) : 핸드폰번호를 입력했다면 입력하지 않아도 된다.

❻ 设置为默认收货地址(고정배송지로 설정) 버튼을 클릭하면 현재 저장한 배송지가 고정배송지가 된다.

**02** 结算(결제) 버튼을 클릭한다.

**03** 아직 배대지 주소를 입력하지 않았다면 배대지 입력창이 나온다.

배대지 입력을 미리 마쳤다면 提交订单(주문서제출) 버튼을 누르는 창이 나온다. 提交订单(주문서제출) 버튼을 클릭한다. (이 버튼을 구매자가 누른 후 판매자가 가격수정을 할 수 있다.)

**04** 타오바오에서 첫 구매 시 알리페이(支付宝) 결제 비밀번호를 설정하는 창이 나온다. 알리페이(支付宝)는 타오바오와 알리바바1688에 연동된 결제시스템이다. 타오바오와 알리바바1688에서 결제 시 알리페이 결제 비밀번호를 입력한 후 결제가 이루어진다.

❶ 支付宝账户名(알리페이 아이디, 타오바오와 동일하다.) : 82–**********
❷ 设置支付密码(알리페이 지불비밀번호 설정) : 숫자6자리로 설정한다. (타오바오 혹은 알리페이 로그인비밀번호와 혼동되지 않도록 꼭 따로 기입해 놓는 것을 추천한다.)
❸ 支付密码 : 결제 혹은 타오바오 내 개인정보를 수정할 때 입력한다.(타오바오 혹은 알리페이 로그인 비밀번호와 같지 않게 설정해준다.)
❹ 再输入一次(다시 한 번 입력) : 다시 한 번 알리페이 지불비밀번호를 입력해준다.
❺ 我同意支付宝服务协议(저는 알리페이 서비스약관에 동의합니다) : 앞쪽의 체크박스를 클릭해준다.
❻ 确定(확정) : 확정 버튼을 눌러주면 지불비밀번호가 설정완료된다.


**05** 결제할 카드번호를 입력하는 창이 나온다. 결제가 가능한 카드는 VISA, mastercard, JCB, Credit Card이다. 수수료는 3%이다.

❶ 卡号(카드번호) : 카드번호를 입력한다.
❷ 下一步(다음) : '다음' 버튼을 클릭한다.

중국을 제외한 국가의 신용카드번호를 입력할 때, 좌측 상단에서 **海外其他地区版**(해외기타지역버전)을 선택해야한다.
**中国大陆版** : 중국대륙버전(알리페이로 결제 시 선택한다.)
**香港版** : 홍콩버전
**台湾版** : 대만버전
**海外其他地区版** : 해외기타지역버전(중국을 제외한 국가의 신용카드로 결제 시 선택한다.)

## 06 카드정보를 입력해준다.

❶ *卡号 : 카드번호를 입력한다.
❷ *持卡人姓名 : 카드소유자 성함을 입력한다.
❸ *有效期 : 카드유효기간을 입력한다.
❹ *安全码 : 카드CVC번호를 입력한다.
❺ *邮箱 : 이메일을 입력한다.

❶ *国家/地区 : 국가/지역을 입력한다.

❷ *州/省 : 현재 거주지의 시/도를 입력한다.

❸ *城市 : 현재 거주시의 도시명을 입력한다.

❹ *地址1 : 현재 거주시의 상세주소를 입력한다.

❺ 地址2 : 地址1(주소1)을 입력했다면 생략가능하다

❻ *邮编 : 우편번호를 입력한다.

❼ 电话 : 연락처를 입력한다.(필수입력사항 아님)

❽ 支付宝支付密码 : 지불비밀번호를 입력한다.

❾ 保存以上卡信息，下次付款无需输入(信息将在一天内验证通过后保存)(상단의 정보를 저장합니다, 다음결제 시에는 다시 입력하지 않아도 됩니다. 입력한 카드정보는 1일안에 인증을 통과한 후 저장됩니다) : 앞쪽의 체크박스에 체크해준다

❿ 确认付款(확인 후 결제) : 이 버튼을 클릭하면 카드정보가 저장되는 동시에, 결제가 이루어진다.

信用卡账单信息

❶ * 国家 / 地区: 选择国家 / 地区 ▼

❷ * 州 / 省: 选择州 / 省 ▼

❸ * 城市:

❹ * 地址 1:

❺ 地址 2:

❻ 邮编:

❼ 电话:

✔ 安全设置检测成功！无需短信校验。

❽ 支付宝支付密码:                 忘记密码？

❾ ✔ 保存以上卡信息，下次付款无需输入（信息将在1天内验证通过后保存）。

❿ 确认付款

选择其他方式付款

用户需知：

1. 请在付款之前和卖家确认所有的订单细节。支付后，如果因为卖家不支持国际交易而导致付款无法完成，您将要对损失负责(这些损失包括银行收费和汇率波动造成的损失)。

2. 2013年3月13日起，因银行业务调整，自购买商品30日后退款，服务费将不做退还。

## 2 _ 알리페이로 구매하기

알리바바1688 사이트에서는 중국을 제외한 해외신용카드로 결제를 할 수 없고, 대부분 알리페이를 통해서 결제가 이루어지고 있다. 알리페이를 이용하기 위해서는 중국 계좌를 연동해야한다. 지금부터 중국 계좌개설부터 알리페이로 구매하기까지 살펴보자.

---

**알고가자!**

한국에 있는 중국계은행(중국공상은행, 중국은행)과 중국에 있는 은행(중국공상은행, 중국은행)은 별개이다. 한국에 있는 중국계은행에서 중국에서 개설한 계좌의 업무를 처리할 수 없다.
- 한국에 있는 중국계은행

▲ 중국공상은행(서울지점, 대림지점, 건대지점, 부산지점)     ▲ 중국은행(서울지점, 구로지점, 안산지점)

---

### 2-1. 중국 계좌 만들기

중국 계좌를 만들기 위해서는 중국현지에 있는 은행에서 통장을 개설해야 한다. 한국에 있는 중국계은행(중국공상은행, 중국은행)에서 개설한 계좌는 한국계좌이고, 중국에 있는 은행에서 개설한 계좌는 중국 계좌이다. 은행명이 같지만, 별개의 계좌이기 때문에, 한국의 중국계은행에서 중국에서 개설한 계좌의 업무를 처리할 수 없다.

**❶ 준비물**

중국 계좌개설을 위한 준비물은 여권, 중국 핸드폰번호, 한국 신분증(필수 준비물은 아니지만, 혹시 모를 상황을 대비해서 준비)이다.

**❷ 중국 핸드폰 개통하기**

한국에서 계좌개설을 할 때 개인정보를 입력하는 것처럼 중국에서 계좌를 개설 할 때에도 개설하는 사람의 개인정보를 입력하게 된다. 이때 입력하는 연락처는 중국 현지 핸드폰번호여야 하기 때문에, 중국 핸드폰번호가 필요하다.

중국에서는 통신사에서 유심을 구매하면 구매한 유심의 핸드폰 번호를 준다. 이 유심을 핸드폰에 끼워넣기만 하면 중국 핸드폰이 개통된다.

유심칩을 구매할 때, 꼭 체크해야 하는 부분이 있다.

**첫 번째는 국제로밍 신청하기이다.**

한국으로 돌아온 후 중국 핸드폰으로 인증번호를 받는일이 종종 생긴다. 이때 로밍이 되어있지 않은 유심칩은 인증번호를 받지 못하게 되어, 여러 가지 업무에 차질이 생기게 될 가능성이 크다.

**두 번째는 월요금제 체크하기이다.**

중국에서는 핸드폰 요금을 미리 충전 한 후 충전금에서 월사용비용이 빠져나간다. 만약 충전금액이 0원이 되어 2달 이상 지속될 경우, 핸드폰번호를 사용하지 못하게 될 수도 있기 때문에, 월요금제를 체크하여, 충전금이 0원이 되지 않도록 유지해야한다.

**세 번째는 비밀번호 기억하기이다.**

유심을 구매 시 비밀번호를 설정하게 된다. 이때 설정한 비밀번호를 꼭 메모하여 기억해 두어야한다. 한국에 돌아온 후 유심로밍이 되지 않을 경우, 비밀번호를 알고 있다면 로밍 신청을 할 수있다.

필자는 중국 광저우의 移动(이동)통신사에서 유심을 구매 후 계좌를 개설했다.

▲ 중국 移动(이동) 통신사 내부 모습 　　　　▲ 移动(이동) 통신사에서 유심의 핸드폰번호를 지정하고 있는 모습

**알고가자!** 　중국의 대표 통신사

중국의 가장 대표적인 통신사는 **联通**(리엔통)과 **移动**(이동) 통신사이다

▲ 그림1. 联通(리엔통)통신사　　　　▲ 그림2. 移动(이동)통신사

❸ 핸드폰 비용 충전하기

중국 핸드폰 요금납부 방식은 미리 충전해 놓은 금액에서, 월마다 빠져나가기 때문에, 충전금액이 0원이 되기 전에 미리 금액을 충전해 놓아야한다. 충전하는 방식은 알리페이를 이용해서 충전할 수 있다.

• 알리페이로 핸드폰 요금 충전하기
**01** 모바일 알리페이 앱을 클릭한다.

**02** 알리페이 앱 첫 페이지 상단의 充电中心(충전센터)를 클릭한다.

**03** 상단에 충전할 핸드폰 번호를 입력한 후 하단에 충전할 금액을 선택한다.

**04** 确认给号码***********充值吗？(***********번호로 충전하시겠습니까?) 메세지 창 하단의 确定 (확정) 버튼을 클릭한다.

**05** 결제정보를 확인하고, 하단의 立即付款(지금결제)를 클릭한다.

订单信息(결제정보)：***-****-****，山东移动10元充值(***-****-****，**통신사로 10元충전)
付款方式(결제방식)：工商银行储蓄卡(공상은행 체크카드)

<table>
<tr><td>**알고가자!**</td><td>중국에서 구매한 유심을 마카오 홍콩에서도 사용가능하나요?</td></tr>
</table>

일국양국제이기 때문에, 마카오와 홍콩이 국외에 적용되어, 중국에서 구매한 유심을 사용하게 될 경우, 국제통화료가 발생된다.

## ❹ 계좌 개설하기

계좌를 개설할 때에는 번호표를 뽑고, 개인정보를 적는 종이 2장을 작성한 뒤 여권을 준비하고 기다리면 된다. 창구에서 계좌비밀번호를 설정하고 개설된 계좌에 입금할 금액이 있을 시 입금한 뒤 창구직원의 안내에 따라서 진행하면 계좌개설이 완료된다. 중국에 있는 은행의 계좌번호는 카드번호이므로 은행업무를 볼 때 계좌번호 대신 카드번호를 입력하면 된다.

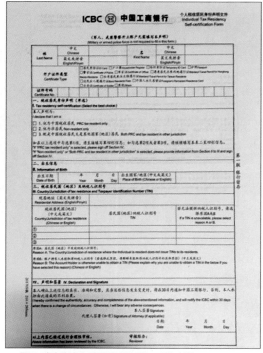

▲ 중국 계좌개설시 개인정보를 적는 가입 서류

▲ 중국 계좌개설시 개인정보를 적는 가입 서류

중국에서 계좌를 개설할 때, 알리페이와 연동되는 은행의 계좌를 개설해야 한다. 계좌개설 추천은행과 알리페이와 연동되지 않는 은행을 알아보자.

추천은행은 다음과 같다.
– 한국계은행 : 중국에 있는 하나은행, 우리은행, 신한은행
– 중국계은행 : 중국에 있는 공상은행(工商银行), 중국은행(中国银行), 화샤은행(华夏银行)

• 알리페이와 연동되지 않는 은행
동관은행(东莞银行), 청도은행(青岛银行), 북경은행(北京银行)

## 2-2. 알리페이에 중국 계좌 연동하기

계좌개설을 마쳤다면 이제 알리페이에 계좌를 연동해 보자.

알리페이에 회원가입을 한 경우, 실명인증 단계를 거쳐 계좌를 연동 할 수 있다.

알리페이에 중국 계좌를 연동하면 타오바오와 알리바바1688 사이트에서 모두 사용가능하다.

### 2-2-1. 알리페이 가입하기

**01** 알리페이 사이트(www.alipay.com)에서 회원가입(立即注册) 버튼을 클릭한다.

※ 타오바오 아이디가 있다면 알리페이 사이트에 회원가입을 하지 않아도 된다. 곧바로 로그인(登录) 버튼을 클릭한 후 타오바오 아이디와 비밀번호를 입력하여 로그인한다.

**02** 화면속의 QR코드상자는 알리페이 로그인창으로, 좌측 상단의 X를 눌러 창을 사라지게 한다.

**03** 서비스 협약, 개인정보 정책 및 알리페이 계좌개설 확인에 대한 메시지 창 하단의 동의(同意) 버튼을 클릭한다.

**04 국가를 한국으로 선택한 후 한국 핸드폰 번호를 입력하여 인증번호를 받아 입력한다.**

❶ 国家/地区(국가/지역) : South Korea(韩国)를 선택한다.

❷ 手机号(핸드폰번호) : 국가번호를 82(한국)로 변경한 후 핸드폰번호를 입력한다. *제일앞의 0을 제외하고 입력한다. **예** 1012348909

❸ 短信校验码(인증번호) : 获取验证码(인증번호받기) 버튼을 클릭하여, 핸드폰으로 전송된 인증번호를 입력한다.

❹ 下一步(다음) : 下一步(다음) 버튼을 누른 후 그 다음 단계로 이동한다.

**05 가입정보를 입력한다.(비밀번호, 보안질문 설정)**

❶ 登陆密码(로그인 비밀번호) : 영문과 숫자를 혼합하여 6~20자리로 입력한다.

❷ 再输入一次(재입력) : 다시 한 번 로그인 비밀번호를 입력한다.

❸ 支付密码(결제 비밀번호) : 숫자 6자리를 입력한다.

❹ 再输入一次(재입력) : 다시 한 번 결제 비밀번호를 입력한다.

❺ 安全保护问题(보안질문) : 보안질문 중 하나를 선택한다.

• 安全保护答案(보안질문답안) :

我爸爸的名字是 아버지성함은 무엇입니까?

我妈妈的名字是 어머니성함은 무엇입니까?

我爸爸的生日是 아버지생신은 언제 입니까?

我妈妈的生日是 어머니생신은 언제 입니까?

我妻子的名字是 아내의 이름은 무엇입니까?

我丈夫的名字是 남편의 이름은 무엇입니까?

我的出生地是　나의 고향은 어디입니까?

我的小学校名是 나의 초등학교 이름은 무엇입니까?

※ 알리페이 로그인 비밀번호, 결제 비밀번호, 보안질문과 답안은 알리페이를 사용하면서 실명인증의 경우 필요하기 때문에 꼭 메모를 해놓고 잊어버리지 않도록 해야 한다.

## 06 가입정보를 입력한다.(개인정보입력)

❶ 真实姓名(성명) : 여권에 기입된 성명을 입력한다.

❷ 性别(성별) : 성별을 선택한다.

❸ 证件类型(신분증유형) : 여권(护照)을 선택한다.

❹ 证件号码(여권번호) : 여권번호를 입력한다.

❺ 有效期(유효기간) : 여권유효기간을 입력한다.

❻ 职业(직업) : 선택항목에 있는 직업 중 임의로 선택가능하다.

❼ 中国境内联系地址(중국내 연락가능 주소 ) : 해외(海外)를 선택한다. seoul을 입력한다.

❽ 确认(확인) : 모든 정보를 입력한 후 确认(확인) 버튼을 클릭한다.

**07** 注册成功，可使用该账户同时登录淘宝(가입성공, 알리페이 아이디는 타오바오 로그인 시 사용가능하다.) 메시지창이 나오면 알리페이 회원가입이 완료되었다.

타오바오와 알리페이는 연동이 되기 때문에, 타오바오에 회원가입을 한 경우 알리페이에 자동으로 회원가입이 되어 타오바오 아이디로 알리페이 사이트에 로그인을 할 수 있다. 반대로 알리페이 사이트에 먼저 회원가입을 한 경우(타오바오 아이디가 없는 경우)에도, 알리페이 아이디로 타오바오 사이트에 로그인을 할 수 있다. 타오바오 사이트에 회원가입이 되어있는 경우, 알리페이 사이트에 회원가입을 하려고 할 때, 그림1과 같은 메시지 창이 나타난다.

82-********已被注册，并绑定了以下淘宝账户，请确认是否归你所有

(82-********는 아래의 아이디로 이미 회원가입이 되었다. 당신의 아이디인지 확인 부탁드립니다.)

淘宝会员名( 타오바오 회원명) : ******

是我的，立即登录 (본인 아이디이다, 로그인한다.)

알리페이 사이트(PC)에 로그인을 할 때, 두 가지 방법이 있다. 로그인 QR코드를 스캔하는 방법과 아이디와 비밀번호를
입력하여 로그인을 할 수 있다. 로그인하는 두 가지 방법을 모두 알아보자.

### 1. 빙법1_로그인 QR코드를 스캔하여 로그인하기

**01** 모바일 앱스토어에서 알리페이 앱을 다운받는다.(PC 알리페이 로그인 QR코드를 스캔하기 위해서는 모바일 알리페
이 앱을 켜야 한다.)

**02** 모바일 알리페이 앱을 연다. 알리페이의 개인정보수집에 대한 안내메세지의 동의(同意) 버튼을 클릭한다.

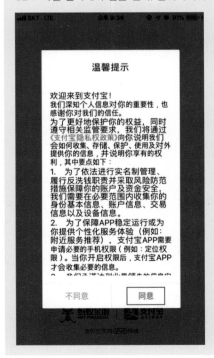

**03** 모바일 알리페이 앱에 로그인을 한다. 로그인하는 방법은 두 가지가 있다. 두 가지 방법 모두 살펴보자.

❶ 방법1_타오바오 아이디로 간편 로그인하기(타오바오 앱이 다운받아져 있는 경우에만 가능하다.)

• 화면하단의 타오바오 회원 간편 로그인(淘宝用户快速登录) 버튼을 클릭한다.

• 타오바오 앱에 로그인이 되어있다면 아래의 메시지창이 나온다. 하단 중앙의 确
认授权(권한위탁을 확인한다) 버튼을 클릭하면 알리페이 앱에 자동로그인이 된다.
同意将淘宝账户(j*********O)的以下信息授权给支付宝
(타오바오 아이디의 이하 정보권한을 알리페이에 위탁 하는 것에 동의한다)
获取你的登录状态(당신의 로그인상태정보를 수집한다)
确认授权(권한위탁을 확인한다)

❷ 방법2_ 알리페이 아이디와 비밀번호(타오바오 아이디와 비밀번호)를 직접 입력하
여 로그인하기

• 화면 우측 하단의 기타등록방식(其他登录方式) 버튼을 클릭한다.

- 화면 중앙에 알리페이 아이디(타오바오 아이디)를 입력하고, 하단의 다음(下一步) 버튼을 클릭한다.

- 화면 중앙에 자신의 알리페이 아이디(예:jiayousky830)가 자동입력된다. 아이디 하단에 알리페이 비밀번호(타오바오 비밀번호)를 입력한 후, 로그인(登录) 버튼을 클릭하면 알리페이 앱에 로그인이 된다.

- 알리페이 앱 첫 페이지 좌측 상단의 스캔하기(扫一扫) 버튼을 클릭한다.

• PC알리페이 사이트(www.alipay.com)의 로그인(登录) 버튼을 클릭한다.

• 모바일 알리페이 앱의 스캔하기(扫一扫) 버튼을 눌러, 화면 속의 QR을 스캔하면 PC 알리페이에 로그인이 된다.

## 2. 빙법2_아이디와 비밀번호를 직접 입력하여 로그인하기

**01** 화면속의 QR코드 네모상자 우측 상단의 모니터 모양을 클릭한다.

**02** 네모상자 첫 번째 칸에 알리페이 아이디(타오바오 아이디), 두 번째 칸에 알리페이 비밀번호(타오바오 비밀번호)를 입력한 후, 하단의 로그인(登录) 버튼을 클릭하면 PC 알리페이에 로그인이 된다.

## 2-2-2. 알리페이 실명인증하기

**01** 알리페이 사이트에 로그인을 한 후 나오는 첫 화면 중간부분의 미인증(未认证) 버튼을 클릭한 후 알리페이 실명인증을 진행한다.

**02** 立即认证(지금인증) 버튼을 클릭한다. 아래 체크박스도 체크해준다.

**03** 국적과 성명(여권에 입력된 성명), 여권번호를 입력해준다.

❶ 国籍(地区)(국적/지역) : South Korea(韩国)를 선택한다.

❷ 证件类型(신분증유형) : 护照(여권)

❸ 姓名(성명) : 여권에 입력된 성명을 입력한다.

❹ 证件号码 : 여권번호를 입력한다.

❺ 确认并提交(확인, 제출) : 국적과 성명, 여권번호를 모두 입력한 후 '确认并提交(확인제출)' 버튼을
클릭한다.

**04** 중국 계좌의 카드번호와 중국 핸드폰번호를 입력하고 인증번호를 받는다.

❶ 银行卡号 : 은행카드번호를 입력한다.

❷ 持卡人姓名 : 성명을 입력한다.

❸ 证件(증명서) : 护照(여권)을 선택한 후 여권번호를 입력한다.

❹ 手机号码 : 중국 핸드폰 번호를 입력한 후 获取验证码(인증번호 받기) 버튼을 클릭한다.
　　　　　　인증번호 받는 란이 생성이 되고, 그곳에 인증번호를 입력한다.

❺ 下一步 : '下一步(다음)' 버튼을 누르고 계속해서 인증을 진행한다.

**05** 은행카드정보를 입력한다.

❶ 银行卡号(은행카드번호) : 카드번호를 입력한다.

❷ 持卡人姓名(성명) : 영문성명을 입력한다.

❸ 证件(신분증) : 护照(여권)을 선택한 후 여권번호를 입력한다.

❹ 手机号码(핸드폰번호) : 중국 핸드폰번호를 입력한 후 获取验证码(인증번호 받기) 버튼을 클릭한다.

❺ 校验码(인증번호) : 인증번호를 입력한다.

❻ 下一步(다음) : '下一步(다음)' 버튼을 누르고 계속해서 인증을 진행한다.

**06** 여권사진을 업로드 한다.

点此上传(여권사진 업로드) 버튼을 눌러 여권사진을 업로드 한 후 确认并提交(확인) 버튼이 파란색으로 활성화되면 클릭한다.

**07** 证件审核中(신분증 심사중)의 메시지창이 나오면 알리페이 실명인증이 완료되었다. 심사결과는 24시간 안으로 알 수 있다.

## 2-3. 알리페이로 구매하기

알리페이에 중국 계좌 연동을 마쳤다면 타오바오와 알리바바1688 사이트에서 알리페이로 결제를 해보자

### 2-3-1. 타오바오에서 알리페이로 구매하기

**01** 타오바오에서 원하는 상품의 옵션(사이즈, 색상)을 선택하고, 立即购买(결제하기) 버튼을 클릭한다.

**02** 결제페이지로 이동되었다. 타오바오에서 받은 할인권이 있는지, 할인이 잘 적용되었는지 물류비나 기타비용 등을 잘 확인한 후 주문서제출(提交订单) 버튼을 클릭한다.

**03** 알리페이로 결제를 하기 위해서는 상단의 버튼을 中国大陆版(중국대륙판)으로 변경해줘야한다. 변경해 준 후 支付宝支付密码(알리페이 결제 비밀번호)을 입력한 후 确认付款(결제확인) 버튼을 클릭하면 결제가 완료된다.

❶ 中国大陆版(중국대륙판)
❷ 支付宝支付密码(알리페이 결제 비밀번호)
❸ 确认付款(결제확인)

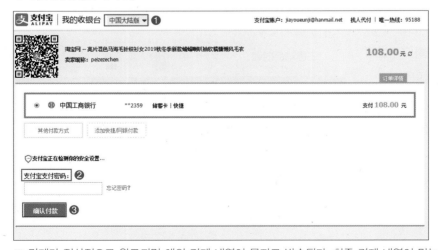

※ 결제가 정상적으로 완료되면 해외 결제 내역이 문자로 발송된다. 최종 결제 내역이 맞는지 다시 한 번 확인한다.

## 2-3-2. 알리바바1688에서 알리페이로 구매하기

**01** 알리바바1688에서 원하는 상품의 옵션(사이즈, 색상)을 선택하고 立即购买(결제하기) 버튼을 클릭
한다.

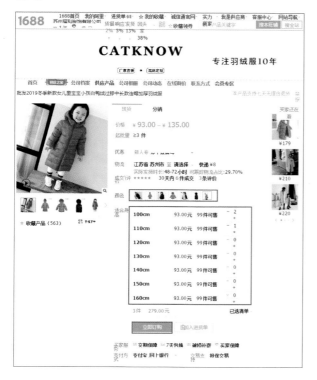

**02** 결제하는 페이지로 이동되었다. 알리바바1688에서 받은 할인권이 있는지, 할인이 잘 적용되었는지
물류비나 기타비용 등을 잘 확인한 후 주문서제출(提交订单) 버튼을 클릭한다.

**03** 결제수단 중 支付宝(알리페이)를 선택 한 후 하단의 去付款(결제) 버튼을 클릭한다.

**04** 알리페이로 결제를 하기 위해서는 상단의 버튼을 中国大陆版(중국대륙판)으로 변경해줘야한다. 변경해 준 후 支付宝支付密码(알리페이 결제 비밀번호)을 입력한 후 确认(결제) 버튼을 클릭하면 결제가 완료된다.

※ 결제가 정상적으로 완료되면 해외 결제 내역이 문자로 발송된다. 최종 결제 내역이 맞는지 다시 한 번 확인한다.

# 3 _ 대리구매 이용하기

알리페이로 결제 시 잔액이 부족할 경우, 혹은 다른 이유로 알리페이 계정이 있는 친구에게 결제링크를 보내어, 대리결제를 진행할 수도 있다.

## 3-1. 타오바오에서 대리구매 이용하기

**01** 결제페이지 하단의 找人代发(대리결제) 버튼을 클릭한다.

**02** 대리결제를 해줄 사람의 알리페이 아이디 혹은 타오바오 아이디를 입력한 후 请他付款(대리결제하기) 버튼을 클릭하면 결제창이 대리결제를 해줄 사람에게 전달되고 결제창을 받은 대리인이 결제를 하면 구매가 완료된다.

❶ 好友的账户(친구의계정) : 대리결제를 해줄 사람의 알리페이 아이디 혹은 타오바오 아이디를 입력한다.
❷ 留言(메모) : 대리결제를 해줄 사람에게 보내는 메모를 작성한다.
❸ 校验码(보안문자) : 보안문자를 입력한다.
❹ 请他付款(대리결제) : 모두 입력한 후 请他付款(대리결제) 버튼을 클릭한다.

## 3-2. 알리바바1688에서 대리구매 이용하기

01 알리페이 비밀번호를 입력하는 창, 우측 상단의 找人代发(대리결제) 버튼을 클릭한다.

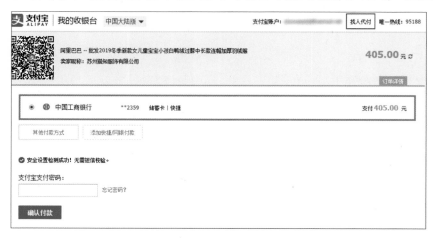

02 대리결제를 해줄 사람의 알리페이 아이디 혹은 타오바오 아이디를 입력 한 후 请他付款(대리결제하기) 버튼을 클릭하면 결제창이 대리결제를 해줄 사람에게 전달되고, 결제창을 받은 대리인이 결제를 하면 구매가 완료된다.

❶ 好友的账户(친구의계정) : 대리결제를 해줄 사람의 알리페이 아이디 혹은 타오바오 아이디를 입력한다.

❷ 留言(메모) : 대리결제를 해줄 사람에게 보내는 메모를 작성한다.

❸ 校验码(보안문자) : 보안문자를 입력한다.

❹ 请他付款(대리결제) : 모두 입력한 후 请他付款(대리결제) 버튼을 클릭한다.

# 4 _ 은행계좌의 잔액으로 구매하기

알리페이에 잔액이 없을 때, 알리페이에 연동한 은행카드에 잔액이 없을 때, 만약 타 은행카드
에 잔액이 있다면 타 은행카드로 결제를 할 수 있다.

## 4-1. 타오바오에서 은행계좌 잔액으로 구매하기(알리페이 실명인증을 마친 경우)

**01** 타오바오 사이트 주문서에서 立即付款(즉시결제) 버튼을 클릭한다.

**02** 좌측 상단의 사용자상태를 中国大陆版(중국대륙판)으로 변경해준 후 중간부분의 파란색 其他付款
方式(기타결제방식) 버튼을 클릭한다.

**03** 중간부분의 파란색 添加快捷/网银付款(빠른결제추가/인터넷뱅킹 결제)을 클릭한다.

**04** 네모박스 중간부분의 换卡种选择(다른카드 선택)을 클릭 한 후 하단의 下一步(다음)을 클릭한다.

❶ 换卡种选择(다른카드 선택)

❷ 下一步(다음)

**05** 결제할 은행카드의 지점을 선택한다.

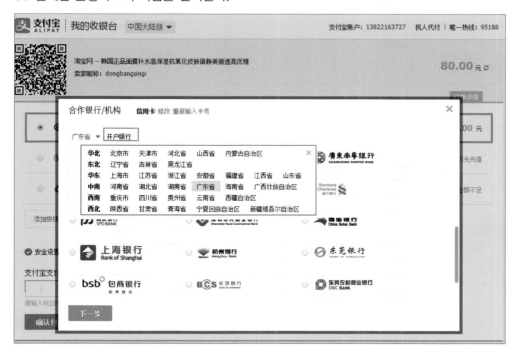

**06** 결제할 카드의 은행을 선택한다.

**07** 快捷支付(빠른결제)를 선택한 후 下一步(다음)을 클릭한다.

**08** 결제할 카드의 은행, 성명, 신분증, 카드번호, 중국 핸드폰번호, 인증번호를 입력한 후 하단의 同意
协议并付款(동의 후 결제)를 클릭한다.

❶ 付款方式(결제방식) : 결제할 카드의 은행명
❷ 姓名(성명) : 카드소유자의 성명
❸ 证件(신분증) : 护照(여권)을 선택한 후 여권번호를 입력
❹ 信用卡卡号(카드번호) : 카드번호 입력
❺ 手机号码(핸드폰번호) : 중국 핸드폰번호 입력
❻ 校验码(인증번호) : 免费获取(인증번호 받기)를 눌러 인증번호를 입력한다.
❼ 同意协议并付款(동의 후 결제) : 모든 정보를 입력한 후 이 버튼을 클릭하면 결제가 이루어진다.

## 4-2. 알리바바1688에서 은행계좌 잔액으로 구매하기(알리페이 실명인증을 마친 경우)

**01** 알리바바1688 사이트 주문서에서 提交订单(주문서 제출)을 클릭한다.

**02** 하단의 支付宝(알리페이)를 클릭한다.

**03** 중간부분의 파란색 添加快捷/网银付款(빠른결제추가/인터넷뱅킹 결제)을 클릭한다.

**04** 네모박스 중간부분의 换卡种选择(다른카드 선택)을 클릭한 후 하단의 下一步(다음)을 클릭한다.

**05** 결제할 은행카드의 종류를 선택한다.

❶ 储蓄卡 : 체크카드

❷ 信用卡 : 신용카드

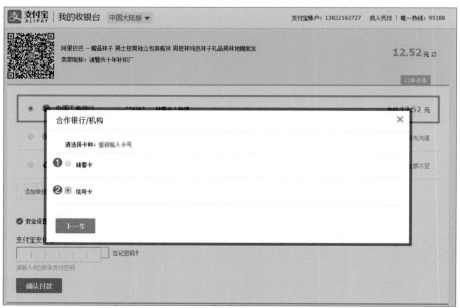

**06** 결제할 카드의 은행지점과 은행을 선택한다.

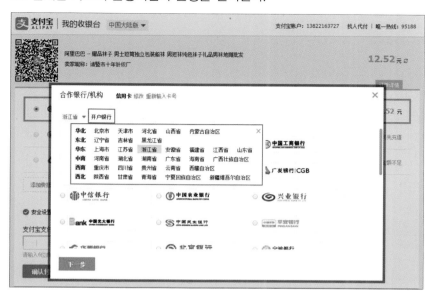

**07** 快捷支付(빠른결제)를 선택한 후 下一步(다음)을 클릭한다.

**08** 결제할 카드의 은행, 성명, 신분증, 카드번호, 중국 핸드폰번호, 인증번호를 입력한 후 하단의 同意协议并付款(동의 후 결제)를 클릭한다.

❶ 付款方式(결제방식) : 결제할 카드의 은행명
❷ 姓名(성명) : 카드소유자의 성명
❸ 证件(신분증) : 护照(여권)을 선택한 후 여권번호를 입력
❹ 信用卡卡号(카드번호) : 카드번호 입력
❺ 手机号码(핸드폰번호) : 중국 핸드폰번호 입력

❻ 校验码(인증번호) : **免费获取**(인증번호 받기)를 눌러 인증번호를 입력한다.

❼ **同意协议并付款**(동의 후 결제) : 모든 정보를 입력한 후 이 버튼을 클릭하면 결제가 이루어진다.

4-3. 타오바오/알리바바에서 은행계좌 잔액으로 구매하기(알리페이 실명인증을 받지 않은 경우)

알리페이 실명인증을 받지 않은 경우에도, 타오바오와 알리바바1688에서 중국은행카드로 결제가 가능하다. 하지만, 안전한 결제를 위해서, 실명인증을 마친 후 결제하는 방법을 추천한다. 알리페이 실명인증을 받지 않고, 중국은행카드로 결제하는 방법을 알아보자.

01 타오바오 주문서에서 (立即付款)결제버튼을 클릭한다.

알리바바1688주문서에서 하단의 支付宝(알리페이)를 클릭한다.

**02** 네모박스 하단의 添加快捷/网银付款(빠른결제추가/인터넷뱅킹 결제)를 클릭한다.

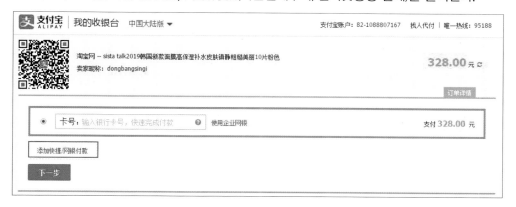

**03** 결제할 카드의 은행, 성명, 신분증, 카드번호, 중국 핸드폰번호, 인증번호를 입력한 후 하단의 同意协议并付款(동의 후 결제)를 클릭한다.

❶ 付款方式(결제방식) : 결제할 카드의 은행명

❷ 姓名(성명) : 카드소유자의 성명

❸ 证件(신분증) : 护照(여권)을 선택한 후 여권번호를 입력

❹ 信用卡卡号(카드번호) : 카드번호 입력

❺ 手机号码(핸드폰번호) : 중국 핸드폰번호 입력

❻ 校验码(인증번호) : 免费获取(인증번호 받기)를 눌러 인증번호를 입력한다.

❼ 同意协议并付款(동의 후 결제) : 모든 정보를 입력한 후 이 버튼을 클릭하면 결제가 이루어진다.

## 알고가자! 결제 전 주문취소하는 방법

결제하지 않고 7일이 경과되면 '거래실패'가 표시되고 자동으로 주문취소가 가능한 삭제 버튼이 나타난다. 삭제 버튼을 클릭하면 주문이 취소된다.

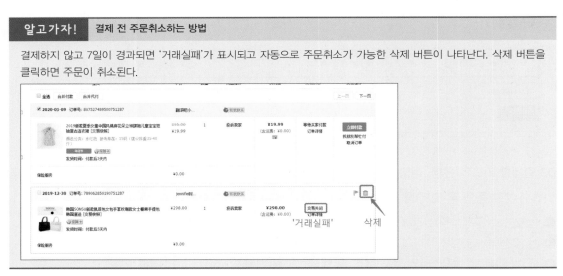

# 5 _ 배송조회 방법(타오바오 판매자 –> 배대지까지 물류조회)

타오바오에서 물건을 구매 후 판매자가 장시간 발송을 하지 않는 경우가 있다. 구매 후 2일 이상 물품이 발송되지 않을 경우 아리왕왕(판매자와 채팅창)으로 판매자에게 연락하여 발송하지 않는 이유를 체크해야 한다.

배송대행만 업체에 의뢰한 경우에는 특히 판매자의 발송여부를 잘 체크해야한다. 구매한 물품이 품절되어 통보도 하지 않고 장시간 발송하지 않는 판매자도 많기 때문에 물건을 구매한 후 발송체크도 잊어서는 안 된다.

지금부터 타오바오와 알리바바에서 배송조회하는 방법을 알아보자.

## 5-1. 타오바오에서 배송조회하기

**01** 타오바오 첫 페이지, 우측 상단의 我的淘宝(나의 타오바오)에서 已买到的宝贝(이미 구매한 상품)으로 들어간다.

**02** 상단의 待收货(발송대기) 버튼을 클릭하면 아직 발송되지 않은 물품을 확인할 수 있다.

**03** 주문서 우측의 查看物流(물류조회) 버튼을 클릭한다.

**04** 주문한 물품의 물류조회를 확인할 수 있다. 물류조회 하단에는 운송장번호와 택배사, 발송지와 배송지 정보가 있다.

❶ 运单号码(운송장번호) : YTG000167373041, 物流公司(택배사) : 韵达快递,

❷ 客服电话(고객센터) : 95546 연락처

❸ 卖家昵称(판매자 아이디) : dongbangsingi

❹ 发货地址(발송지) : 广东省 广州市 ***/***/

❺ 收货地址(배송지) : 广东省 广州市 ***/***/

아래의 물류조회는 판매자가 물품을 발송한 당일의 조회화면이다.

아래의 물류조회는 물품이 배송지에 도착한 후의 조회화면이다.

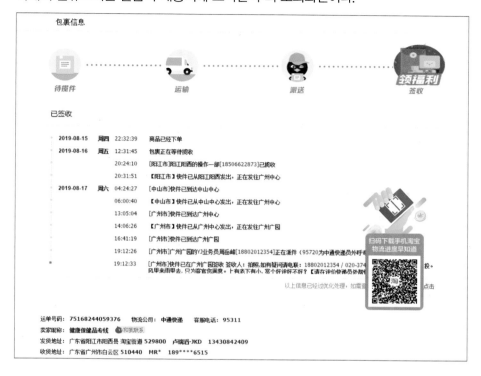

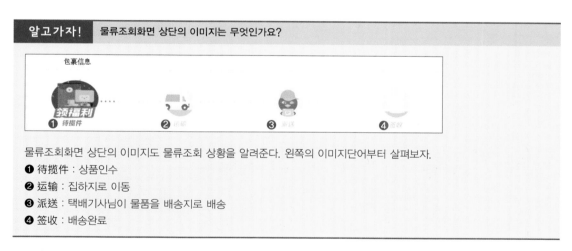

물류조회화면 상단의 이미지도 물류조회 상황을 알려준다. 왼쪽의 이미지단어부터 살펴보자.

❶ 待揽件 : 상품인수

❷ 运输 : 집하지로 이동

❸ 派送 : 택배기사님이 물품을 배송지로 배송

❹ 签收 : 배송완료

## 5-2. 알리바바1688에서 배송조회하기

**01** 알리바바1688첫 페이지 상단의, 중간부분의 我的阿里(나의 알리바바)에서  已买到货品(이미 구매한 상품)으로 들어간다.

**02** 상단의 待收货(발송대기) 버튼을 클릭하면 아직 발송되지 않은 물품을 확인할 수 있다.

**03** 주문서 우측의 查看物流(물류조회) 버튼을 클릭한다.

**04** 주문한 물품의 물류조회를 확인할 수 있다. 물류조회 상단에는 택배사, 운송장번호와 발송일자 정보가 있다.

❶ 物流编号(물류일련번호) : LP00156634270061

❷ 物流公司(택배사) : 邮政国内小包(01068855413)

❸ 运单号码(운송장번호) : 9896965982511

❹ 发货时间(발송일자) : 2019-11-13 21 : 40 : 39

# Taobao

# Alibaba

# 고수들이 사용하는
# 대박 프로그램 활용법

Lesson 01 직구 상품의 이미지 상 언어 번역과 활용법

Lesson 02 직구 구매대행 시 매우 유용한 대박 확장 프로그램 활용하기

Lesson 03 중국 쇼핑몰에 등록된 상품의 이미지, 동영상, 리뷰 사진 활용하기

# 01

# 직구 상품의 이미지 상 언어 번역과 활용법

타오바오나 1688 등 중국 온라인 쇼핑몰 사이트를 이용하다 보면 상품 이미지 상의 중국어를 번역할 수 있는 방법은 없을까 고민해본 경험이 있을 것이다. 모바일에서는 구글이나 파파고 그리고 스크린 번역이라는 모바일 앱을 활용하여 번역하는 방법이 있다. 또한 네이버 웨일 브라우저 파파고를 활용하면 PC상에서 바로 활용 가능한 좋은 방법도 있다.

특히 직구 구매대행하시는 분들은 열어본 페이지에서 보이는 이미지 상에 있는 중국어를 파파고 이미지 번역을 통하여 바로 번역하여 내용 확인을 하고 그 번역된 내용을 토대로 직접 상품 등록 시에 사용할 수 있기 때문에 아주 편리하게 활용을 할 수가 있다.

참조로 직구 구매대행을 하시는 분 중 모바일을 통하여 상품을 찾는 분들이 있는데 단순 검색은 괜찮지만 최종 선택하거나 구매하는 경우에는 PC를 이용하시기 바란다. 모바일 상에서는 상품이 웬만하면 다 예쁘게 보이고 상세한 내용을 잘 파악할 수가 없기 때문이다.

## 1 _ 직구할 상품 이미지 상의 언어를 번역하는 방법

네이버 웨일은 설치나 사용방법이 아주 쉽기 때문에 누구라도 쉽고 빠르게 사용할 수가 있다.

**01** 네이버 검색창에서 웨일 브라우저를  검색한다.

또는 아래 링크로 바로 이동하여도 된다.

- https://whale.naver.com/ko/

**02** 웨일브라우저 페이지에서 [다운로드] 버튼을 클릭한 후 웨일브라우저 설치 파일(WhaleSetup.exe)
을 클릭하여 설치를 진행한다.

**03** 설치를 완료한 후 바탕화면에 있는 이모티콘을 클릭하여 웨일 브라우저를 열어 준다. 브라우저를 열면 우측에 아이콘 목록이 보이고 그 중 파파고도 있는 것을 볼 수 있다. 파파고를 통하여 텍스트를 복사하여 붙이는 식으로 쉽고 빠르게 번역을 할 수 있다.

**04** 타오바오나 1688 상품 페이지에서 번역하고자 하는 중국어가 있는 이미지 위에 마우스를 위치시키고 우클릭하고 팝업창이 열리면 [이미지 안에 있는 글자 번역]을 클릭한다. 웨일 브라우저를 설치했기 때문에 이 기능이 포함이 되어 사용할 수가 있다.

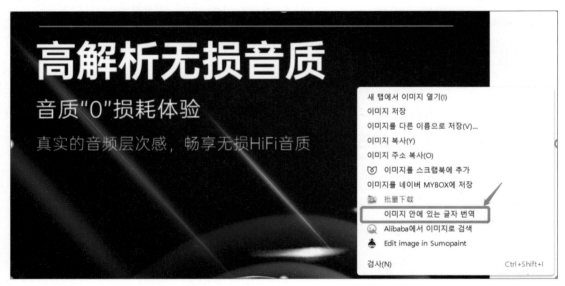

**05** 이미지 번역을 위한 창이 활성화가 된다. 번역할 언어를 선택해주고 번역하고자 하는 글자가 있는 영역을 지정해 준다.

**06** 지정한 영역의 중국어와 번역된 한국어가 보인다. 이 상태에서 텍스트를 복사할 수도 있다.

네에버 웨일 브라우저 파파고를 통하여 쉽고 간단하게 이미지 위의 언어를 번역하는 방법에 대해서 알아보았는데 구매대행을 하시는 분에게는 많은 도움이 될 것이다.

## 2 _ 타오바오에 등록된 상품 이미지를 통해 상품의 경쟁력 분석하는 방법

네이버 웨일 브라우저 스마트 앵글을 활용하여 타오바오에서 찾은 상품이 얼마나 많은 사람들이 판매하는지, 판매 가격대가 어느 정도인지, 판매는 잘되고 있는지 등을 확인해보자.

**01** 웨일 브라우저에서 타오바오를 열고 찾은 상품 페이지에 들어가서 상품 이미지에 마우스를 위치시키고 우클릭하면 메뉴창이 열리고 내가 설치한 확장 프로그램 목록이 보인다. 목록 중 [이미지로 검색]을 클릭한다.

**02** 이미지 검색을 클릭하면 스마트렌즈가 가동되면서 우측에 스마트 스토어에 등록된 유사 상품들을 찾아서 보여준다.

**03** 우측 창에 보이는 스마트 렌즈 리스트를 아래로 내리면 스마트 스토어에 등록된 다양한 유사 상품들이 보인다. 그 중에서 하나를 선택하여 클릭한 후 스마트렌즈 페이지 상단에 상품 이미지와 제목 등이 보이면 클릭한다.

**04** 상품 이미지를 클릭하면 세부 페이지로 이동하여 이 상품의 판매자 정보와 상세 내용을 확인할 수 있다. 가격이나 내용 등을 참조하여 나의 구매대행 쇼핑몰 페이지에 응용하여 등록한다.

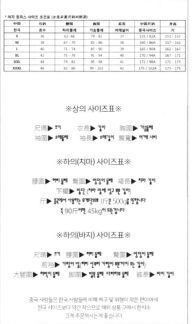

직구 구매대행 비즈니스를 시작하시는 초보자는 스마트렌즈를 잘 활용하면 다른 직구 구매대행 판매자들이 어떻게 운영을 하는지 벤치마킹할 수 있고, 그 정보를 통해 내가 부족한 것이 무엇인지 비교 분석을 하면서 응용을 할 수가 있다.

# 02
# 직구 구매대행 시 매우 유용한 대박 확장 프로그램 활용하기

## 1 _ 직구 상품 검색을 위한 대박 확장 프로그램 활용하기

직구 구매대행의 성공의 요인으로 경쟁력과 상품 인기도가 높은 상품을 빨리 찾아 많이 등록하는 것을 기준으로 볼 수 있다. 이런 상품을 빨리 찾고 빨리 올리기 위해서는 나름대로 테크닉이 필요한데 크롬 확장 프로그램을 이용해서 인기 있는 상품을 찾는 방법에 대하여 알아보도록 하자. 우선 크롬 브라우저를 설치하고, 활용 방법에 대해서 알아보자.

### 1-1. 크롬 브라우저 설치하기

크롬은 다양하고 유익한 확장 프로그램을 사용할 수 있고, 이 확장 프로그램을 활용하면 유용한 많은 프로그램을 사용할 수가 있다. 특히 직구 구매대행에 도움을 주는 무료 확장 프로그램을 설치하여 활용하면 많은 도움을 받을 수 있다. 먼저 확장 프로그램을 사용하기 위해서는 크롬 브라우저를 설치해야 한다. 크롬 설치 방법에 대해서 알아보자.

**01** 다음 링크로 이동하여 크롬을 설치해 주거나 구글이나 네이버에서 크롬을 검색하여 나의 컴퓨터에 설치해 준다.
https://www.google.com/chrome/

**02** 열리는 페이지에서 크롬 다운로드를 클릭하여 크롬을 설치하고 바탕화면에 생성되는 크롬 아이콘을 클릭하여 브라우저를 열어준다.

**03** 새창 열기를 한 뒤 주소 좌측 상단의 앱 아이콘(▦ 앱)을 클릭한다.

**04** 열리는 페이지에서 앱스토어 아이콘(◉)을 클 릭하여 페이지를 이동해 준다.

**05** 앱스토어가 열리면 좌측 상단에 보이는 스토어 검색에서 설치하고 싶은 확장 프로그램을 검색하여 설치해준다.

다음 단원에서 확장 프로그램을 검색하여 설치해보자.


## 1-2. 알리바바 이미지 검색기로 상품 검색하기

타오바오나 1688에는 각각 이미지로 상품을 검색하는 기능이 있다. 하지만 이 기능을 활용하기 위해서는 내가 찾고자 하는 이미지를 컴퓨터나 모바일 폰에 저장하여 다시 불러오는 과정을 거쳐야 한다. 알리바바 이미지 검색기는 웹서핑을 하다가 마음에 드는 상품의 이미지가 있으면 어떤 웹이던 관계없이 바로 이미지 위에 마우스를 올려서 클릭하면 타오바오나 알리바바 그리고 알리익스프레스와 1688에 등록되어 있는 내가 찾고 있는 상품과 같거나 유사한 상품을 바로 찾아서 불러온다. 그렇기 때문에 직구 구매대행 판매자들은 온라인상의 검색 과정에서 마음에 들고 판매하고자 하는 상품이 보이면 바로 찾아서 나의 쇼핑몰에 등록하여 판매를 할 수가 있다.


**01** 크롬 앱스토어 확장 프로그램에서 "알리바바 이미지"로 검색을 하여 아래 이미지 항목을 클릭한다.

**02** 이동하는 페이지에서 보이는 [크롬에 설치하기]를 클릭한다.

**03** 주소창 우측 표시줄에 오랜지색 원 아이콘이 생성이 되면 설치가 제대로 완성된 것이다.

**04** 온라인 웹서핑이나 다른 쇼핑몰 시장조사를 하다 가 마음에 들고 판매를 하고 싶은 상품이 발견되면 웹 상에서 상품 이미지에 마우스를 올리면 이미지에 돋 보기 형태의 아이콘이 보인다. 이 아이콘을 클릭한다.

**05** 새창이 열리면서 알리익스프레스, 알리바바, 1688, 타오바오 등에 등록된 상품 중 동일제품이나 유 사제품을 다양하게 보여준다.

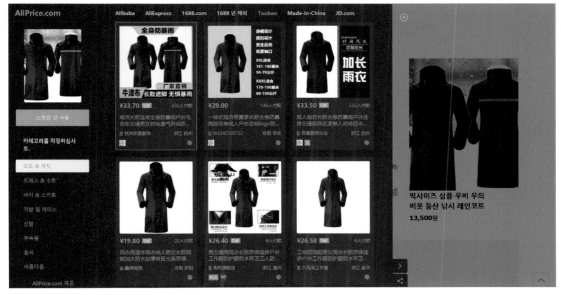

가격이나 판매량 그리고 신용도 등을 확인한 후 마음에 드는 점포로 이동하여 추가 확인을 한 후 나의 쇼핑몰에 업로드 하면 된다.

온라인에 보이는 베스트 상품을 언제라도 쉽고 빠르게 찾아서 나의 구매대행 쇼핑몰에 적용 할 수가 있는 아주 중요하고 소중한 대박 프로그램이니 유용하게 잘 사용하길 바란다.

### 1-3. Image Search Assistant를 활용한 내 사진으로 상품 검색하기

앞서 소개한 알리바바 이미지 검색이 웹상에서 바로 상품을 찾는 방법이라면 Image Search Assistan는 이미지를 별도로 가지고 있거나 바로 사진을 찍어서 나의 컴퓨터에 보내어 사진으로 검색하는 확장 프로그램이다. 물론 이미지가 있으면 타오바오나 1688에서 이미지 검색기능을 활용하여 찾으면 되지만 Image Search Assistant를 활용하면 한 번에 알리바바, 1688, 타오바오 등에서 동시에 보여주기 때문에 아주 유용하고 편리하다.

**01** 크롬 앱스토어 확장 프로그램에서 Image Search Assistant를 검색하여 다음 이미지를 찾아서 클릭한다.

**02** 열리는 Image Search Assistant 페이지에서 [크롬에 설치하기]를 클릭한다.

**03** 표시줄에 Image Search Assistant 아이콘이 생성되면 정상적으로 설치가 완료된 것이다.

Image Search Assistant를 활용하여 나의 컴퓨터에 저장된 이미지를 선택하여 찾고 싶은 상품을 검색해 보자.

**01** 표시줄에 설치된 Image Search Assistant 아이콘을 클릭하면 작은 팝업 박스가 열리는데 여기에서 주황색 글자로 된 Image Search Assistant를 클릭해 준다.

**02** 내 컴퓨터에 있는 상품 이미지를 찾아서 선택하고 [열기]를 클릭한다.

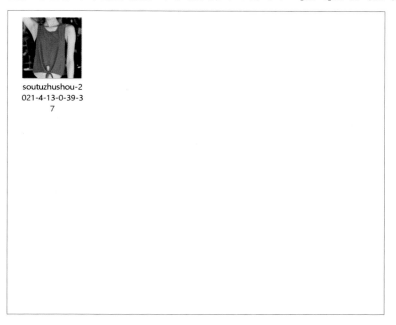

**03** 새로운 창이 열리면서 내가 찾고자 하는 상품이나 유사한 상품들이 리스트 되어 보인다. 가격이나 판매량 그리고 등급 등을 확인하여 마음에 드는 것을 선택 페이지로 이동하여 확인하고 상품을 나의 쇼핑몰에 등록하여 준다.

여기에서 주의할 점은 좌측에 보이는 카테고리에서 타오바오나 1688 그리고 알리바바를 선택해 주어야 하고 상단 메뉴에 보이는 아이템 카테고리를 정확하게 선택하면 찾고자 하는 아이템의 적중률을 높일 수 있다. 알리바바 검색기와 함께 잘 활용하면 성공적인 직구 구매대행 비즈니스에 한발 더 다가설 것이다.

## 2 _ 타오바오와 1688에 등록된 이미지를 쉽게 다운로드 하기

중국 직구 구매대행을 하시는 분들은 쇼핑몰에 있는 상품을 직접 불러와서 판매를 하는 형식이기 때문에 타오바오나 1688 이미지를 그대로 복사해 와서 사용을 하는 경우가 많다. 하지만 이미지를 하나하나 다운로드 받아서 사용하면 시간과 노동력이 많이 소비되고 더군다나 다운로드를 막아 놓아서 해결 방법을 찾아야 한다. 직구 구매대행의 성공 요소 중 한 가지는 많은 상품을 업로드 하는 것이다. 여기서는 많은 상품을 업로드 하는데 소요되는 시간을 절약하고 노동력을 줄일 수 있는 방법을 알아보자.

## 2-1. 우클릭 해제하여 다운로드 막힌 이미지 다운받기

중국 온라인 사이트에 있는 이미지를 다운로드하여 조금 수정을 하거나 편집하여 다운로드를 시도하지만 우클릭이 되지 않아서 다운로드를 하지 못하는 경우가 종종 발생한다. 특히 1688의 경우 우클릭 자체를 막아 놓았기 때문에 다운로드 하는 것이 불가능하다. 이때 사용할 수 있는 우클릭을 해제 하는 두 가지 방법에 대해서 알아보자.

### 방법1. 크롬 우클릭 방지 확장 프로그램 활용하기

확장 프로그램을 검색하는 방법은 찾고자 하는 확장 프로그램을 스토어 검색에서 입력해 주고 검색하면 된다.

❶ enable right click

enable right click는 간편하게 우클릭을 해제해 주는 확장 프로그램이다. enable right click 프로그램을 설치하고 활용 방법을 알아보자.

**01** 크롬 스토어 검색에서 'enable right click'를 검색하면 바로 이동한다.

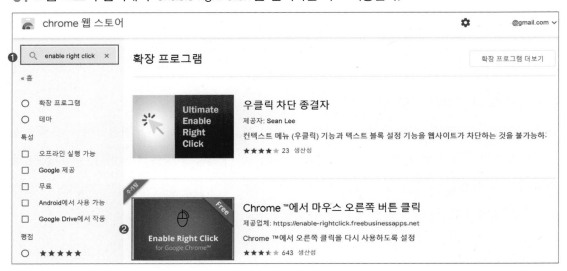

**02** 열리는 창에서 [크롬에 추가]를 클릭한다.

**03** 다음과 같은 설치 팝업창이 열리면 [확장 프로그램 추가] 버튼을 클릭하여 빠르고 간단하게 설치가 완료된다.

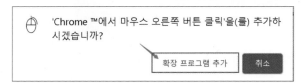

**04** 확장 프로그램이 추가되었다는 내용과 함께 표시줄에 확장 프로그램 아이콘이 생성이 된다.

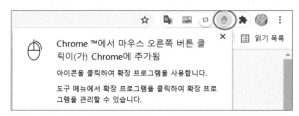

**05** 우클릭할 페이지 이미지에서 이 아이콘을 클릭하고 우클릭을 해주시면 우클릭이 해제된 것을 확인할 수 있다.

**❷ 그 외 우클릭 해지 확장 프로그램**

우클릭 해지 확장 프로그램은 이외에도 몇 가지가 더 있는데 간단히 설치 삭제가 가능하기 때문에 직접 설치해서 사용해보고 편리한 프로그램을 이용하면 된다.

- Drag–Free드래그프리(마우스 드래그 & 마우스 우클릭 해제)

- Absolute Enable Right Click & Copy

방법2. 자바스크립트의 Disable javaScript 박스에 체크하는 기능을 활용하여 우클릭 해제하는 방법

**01** 크롬 브라우저 표시줄 우측에 보이는 작은 점 세 개를 클릭하면 메뉴창이 뜨는데 이 중에서 [도구 더 보기], 그리고 [개발자 도구]를 순서대로 클릭합니다.

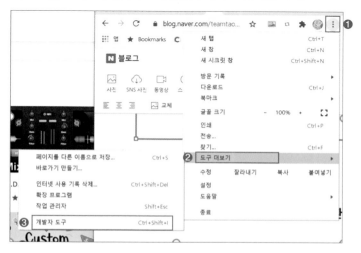

**02** F12 키를 클릭한다. 우측에 개발자 페이지가 열리면 톱니바퀴를 클릭한다. 만약에 톱니바퀴가 보이지 않으면 작은 점 3개를 클릭한 후 More tools 〉 settings 을 클릭한다.

**03** settings 창이 열리면 다른 것은 건드리지 마시고 Disable javaScript 박스만 체크하면 보이는 페이지에서 우클릭을 할 수 있다. 이제 아래 페이지와 같이 우클릭을 하면 해제가 되어 클릭이 가능하며 다운로드도 가능해진다.

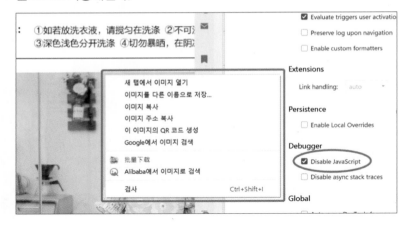

지금까지 복사 방지를 위하여 우클릭이 안되도록 막아 놓은 사이트에서 우클릭 해제를 통하여 이미지나 내용을 복사하거나 다운로드하는 방법에 대하여 알아보았는데 개인의 성향과 편리성에 따라서 선택해서 사용하면 된다.

# 03

# 중국 쇼핑몰에 등록된 상품의 이미지, 동영상, 리뷰 사진 활용하기

## 1 _ 타오바오와 1688의 상품 이미지와 동영상 한 번에 다운로드 하기

직구 구매대행을 하기 위하여 중국 쇼핑몰 이미지를 복사해서 붙이기만 하는 게 아니고 이미지를 다운로드해서 조금 수정하거나 또는 수정하려면 일일이 다운을 받아야 하기 때문에 시간도 많이 소요되고 쉽게 지친다. 또한 1688의 경우 우클릭이 되지 않아서 근본적으로 복사해서 붙이거나 다운로드가 어렵다. 더욱 중요한 것은 타오바오나 1688 메인 이미지에 노출된 동영상을 사용하고 싶은데 이 동영상을 다운로드하려면 쉽지 않다. 막상 다운로드가 가능하다 하더라도 많은 과정을 거쳐야 하기 때문에 상당히 불편하다. 이런 불편함을 한 번에 날려줄 프로그램이 있는데 바로 크롬 확장 프로그램인 팟쿤 fatkun 이다.

 **Fatkun 일괄 다운로드 이미지**
제공자: aituxiu

팟쿤은 크롬에서 제공해 주는 확장 프로그램으로써 사용하고자 하는 쇼핑몰의 대표 이미지와 상세 이미지 그리고 동영상까지 한 번에 다운로드할 수 있게 지원해 주는 직구 구매대행 비즈니스를 하는 사업자들에게 아주 유용한 프로그램이다.

**01** 크롬 웹 스토어에서 '팟쿤', 'fatkun'을 검색하여 나오는 페이지에서 fatkun 일괄 다운로드 이미지를 클릭하여 창을 열어 준다.

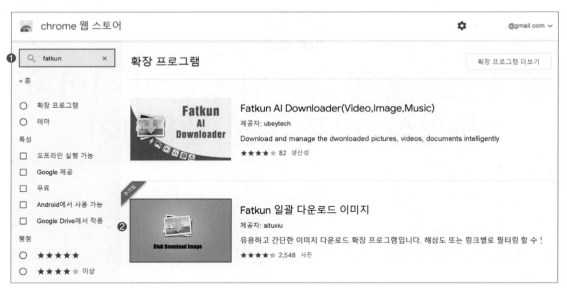

**02** 열리는 페이지 우측에 있는 [크롬에 추가] 버튼을 클릭하면 손쉽게 바로 설치가 진행된다.

**03** "팟쿤을 추가 하시겠습니까?" 팝업창이 열리면 [확장 프로그램 추가] 버튼을 클릭한다.

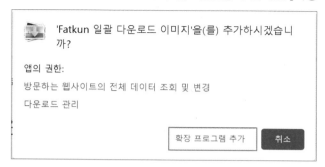

**04** 팟쿤이 크롬에 추가 되었다는 팝업창과 함께 상단 표시줄에 팟쿤 아이콘이 활성화가 된다.

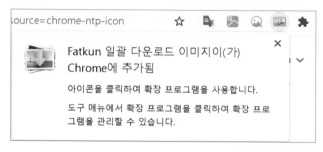

**05** 설치를 완료했으면 실제로 활용해 보자. 이미지를 다운로드하고자 하는 타오바오나 1688 사이트를 열어주고 표시줄에 있는 아이콘을 클릭하면 아래로 설정 창이 활성화되는데 이 창에서 Alt + Z 키를 누른다.

**06** 새 창이 열리면서 다운로드 하고자 하는 이미지들을 불러오고 불러온 전체 이미지를 다운로드할 수도 있고 부분별로 필요한 다운로드할 수도 있으며, 사이즈 조정을 통하여 필요한 사이즈의 이미지만 불러올 수도 있다. 다운로드 받기 어려운 동영상도 쉽게 받을 수 있기 때문에 직구 구매대행 사업자들은 정말로 유용하고 활용도가 높은 프로그램이다. 아마도 프로그램을 사용할수록 그 가치를 인정하고 소중하게 생각할 것이다.

이렇게 쉽고 빠르게 일괄로 받은 이미지를 처리하여 바로 쇼핑몰에 등록을 하여 상품을 등록하면 상품 업로드를 매우 쉽고 빠르게 속도를 내면서 등록이 가능해지게 된다.

## 2 _ 타오바오, 알리바바에 등록된 상품 리뷰의 인증 사진 활용하기

타오바오나 알리바바에서 판매 중인 상품의 리뷰에 등록된 인증 사진을 별도로 불러와서 사용하면 내 상품에 등록된 리뷰가 없더라도 나의 상품이 인기가 좋은 것처럼 포장할 수 있다. 팟쿤 (fatkun)을 이용하면 상세페이지의 이미지나 동영상은 물론 상품 리뷰에 달린 상품 리뷰 이미지까지 불러 올 수가 있기 때문에 잘 활용하여 나의 쇼핑몰 상세 페이지에 활용하면 많은 도움이 될 것이다.

**01** 타오바오 상세페이지에 보면 많은 후기들이 올라와 있고 팟쿤을 설치한 상태면 팟군 아이콘과 下载(다운로드)가 후기 메뉴 옆에 보일 것이다.

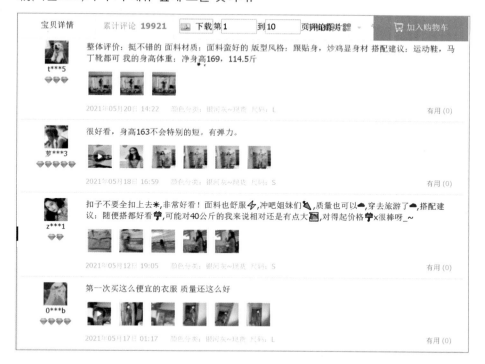

**02** 팟쿤 아이콘을 클릭하면 새로운 창이 열리면서 후기 사진들만 따로 불러와 줍니다.

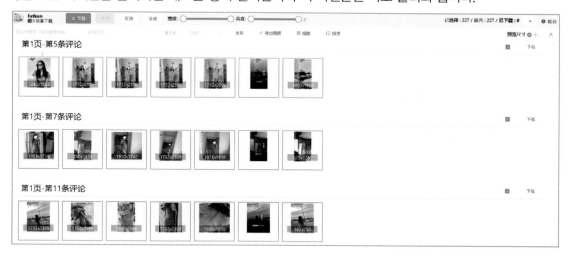

**03** 이미지별로 다운로드하거나 판매자별 또는 전체 다운로드해서 활용하면 된다. 타오바오 리뷰에 업로드 된 후기 이미지를 잘 활용하면 실제 상품의 상태를 확인해 볼 수도 있어 도움이 된다. 또한 나의 쇼핑몰 상세페이지가 더욱 돋보이고 판매가 잘 운영되는 쇼핑몰처럼 보이는 효과가 있을 것이다.

# Taobao

# Alibaba

# 직구하면서 알아야할
# 관세/통관 정보

Lesson 01 관세와 부가세
Lesson 02 통관방법

# LESSON
# 01

# 관세와 부가세

직구를 한 후 물품이 한국에 도착했을 때, 예상하지 못한 관부가세 납부 통지를 받을때가 있다. 직구 시, 관부가세 부가조건과 면제조건 그리고 관부가세 계산법에 대해서 숙지하고 있으면 더욱 경제적으로 직구를 할 수 있다.

## 1 _ 관/부가세란?

❶ 관세 : 관세영역을 통해 수출·수입되거나, 통과되는 화물에 대하여 부과되는 세금이다.

❷ 부가세 : 재화나 용역에 새로 부가되는 가치에 부과되는 세금이다.

❸ 관·부가세 : 관세, 부가세의 줄임말이다.

## 2 _ 관/부가세 적용되는 경우

관/부가세는 해외에서 국내로 들어오는 물건들에 대해서 관세청의 통관을 거쳐 계산된 세금이다. 이때 통관 방식은 크게 일반통관과 목록통관 2가지가 있다. 일반통관의 경우는 물품가격(물품가 + 발송국가 내에서 발생하는 세금과 내륙운임(발송국가에서 한국으로 발송하는 국제 운임비는 미포함))이 150불을 초과되었을 때와 자가사용인정기준이 초과되었을 때, 목록통관도 물품가격이 150불을 초과한 경우, 관부가세가 부가된다. 자세한 내용은 "Lesson 02"에서 알아보자.

## 3 _ 관/부가세 계산방법

관부가세를 계산하는 방법은 직접 계산하는 방법과 관부가세 계산기를 이용하여 계산하는 방법이 있다. 두 가지 방법 모두 알아보자.

### 3-1. 관부가세 계산공식
- 관세 : 과세가격×관세율
- 부가세 : (과세가격+관세)×10%
- 과세가격 : 물품가격(상품가+현지배송비+현지세금) + 해외에서 한국까지 발생된 배송비 + 보험료

### 3-2. 관세율표 확인하기
관세를 계산할 때, 과세가격에 관세율을 곱해줘야 한다. 여기서 관세율은 관세법령정보포털(https : //unipass.customs.go.kr/clip/index.do) 사이트에서 확인할 수 있다. 예를 들어 중국에서 수입하는 수영복에 대한 관세율을 알아보자.

**01** 관세법령정보포털 사이트(https : //unipass.customs.go.kr/clip/index.do)를 클릭한다.

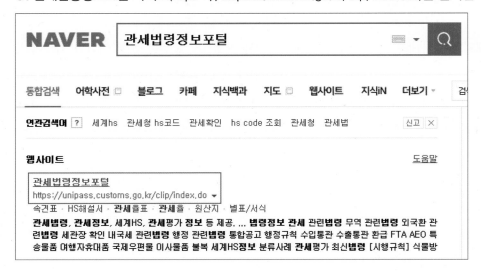

**02** 상단 카테고리의 '세계HS' 클릭 -〉 좌측 '관세율표'를 클릭한 후 우측 상단 검색란에 '수영복'을 검색한다.

**03** 수영복세율을 확인할 수 있다. 올해(2019년)기준으로 기본세율(13%)을 비롯해 WTO협정세율(35%), 한 · 중국 FTA협정세율(6.5%)을 확인할 수 있다. 적용 가능한 세율은 세율표 우측 상단의 '세율적용우선순위' 버튼을 눌러 우선순위 되는 세율을 찾아, 관세율계산을 할 때 적용한다. 또 다른 방법은 관세청에 전화하여 문의하는 방법이 있다.

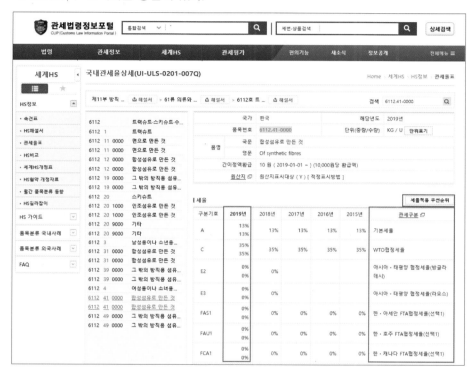

관세율표를 보면 한·중국 FTA협정세율이 다른세율(기본세율, WTO협정세율)보다 낮은 경우가 있다. 이때, 한·중국 FTA협정세율을 적용하면 관세를 절감할 수 있다. 이 세율을 적용하기 위해서는 C/O라고 불리는 수입하는 물품에 대한 원산지증명서가 필요하다. 원산지증명서를 발급받을 시 추가요금이 발생되는 경우도 있다. 특히, 물품이 소량일 경우에는, 원산지증명서를 발급받아 한·중국 FTA협정세율을 적용했을 때 비용과 적용하지 않았을 경우 비용을 잘 계산하여 손해 보지 않는 방향으로 진행해야 한다.

| 세율 | | | | | | 세율적용 우선순위 |
|---|---|---|---|---|---|---|
| 구분기호 | 2019년 | 2018년 | 2017년 | 2016년 | 2015년 | 관세구분 |
| A | 13%<br>13% | 13% | 13% | 13% | 13% | 기본세율 |
| C | 16%<br>16% | 16% | 16% | 16% | 16% | WTO협정세율 |
| E2 | 0%<br>0% | 0% | | | | 아시아·태평양 협정세율(방글라데시) |
| E3 | 0%<br>0% | 0% | | | | 아시아·태평양 협정세율(라오스) |
| FAS1 | 0%<br>0% | 0% | 0% | 0% | 0% | 한·아세안 FTA협정세율(선택1) |
| FAU1 | 0%<br>0% | 0% | 0% | 0% | 0% | 한·호주 FTA협정세율(선택1) |
| FCA1 | 0%<br>0% | 0% | 0% | 0% | 0% | 한·캐나다 FTA협정세율(선택1) |
| FCECR1 | 0% | | | | | 한·중미 FTA협정세율_코스타리카(선택1) |
| FCEHN1 | 0% | | | | | 한·중미 FTA협정세율_온두라스(선택1) |
| FCENI1 | 0% | | | | | 한·중미 FTA협정세율_니카라과(선택1) |
| FCL1 | 0%<br>0% | 0% | 0% | 0% | 0% | 한·칠레FTA협정세율(선택1) |
| FCN1 | 6.5%<br>6.5% | 7.8% | 9.1% | 10.4% | 11.7% | 한·중국 FTA협정세율(선택1) |

## 3-3. 관세청 고시환율 확인하기

관부가세를 계산할 때, 과세가격은 물품을 구매한 해당국가의 통화로 되어있기 때문에, 한화로 바꾸어 계산해야 한다. 이때 기준이 되는 환율이 관세청 고시환율이다. 관세청에서 일주일(일요일~토요일)단위로 환율을 책정하여 고시하고 있다. 관세청에서 고시환율을 확인해 보자.

**01** 관세청 전자통관시스템(https : //unipass.customs.go.kr/) 사이트를 클릭한다.

**02** 좌측의 '환율정보'에서 수입 부분의 환율을 확인할 수 있다.

**03** 더 많은 국가의 환율을 확인하고 싶을 경우에는, 환율정보 우측 상단의 +버튼을 클릭하면 된다. 좌측 상단의 날짜를 확인하고, 우측 상단의 수입(과세) 버튼을 클릭한 후 하단의 '조회' 버튼을 클릭하면 해당국가의 환율을 확인할 수 있다.

| 주간환율 | | | | Home › 정보조회 › 신고지원정보 › 주간환율 | |

기준일자 2019-12-23

환율구분 ◉ 수출 ○ 수입(과세)

↻ 초기화      🔍 조회

**적용기간**

2019-12-22 ~ 2019-12-28

전체 59 건    페이지당 100 ▾ 선택      🖫 다운로드

| No | 국가명 | 통화부호 | 환율 | 전주환율 | 증감 | 화폐단위 |
|----|--------|---------|------|---------|------|---------|
| 1 | 아랍에미리트 연합 | AED | 314.87 | 320.9 | -6.03 | UAE Dirham |
| 2 | 오스트리아 | ATS | 93.57 | 95.15 | -1.58 | Schilling |
| 3 | 호주 | AUD | 794.27 | 807.99 | -13.72 | Australian Dollar |
| 4 | 방글라데시 | BDT | 13.61 | 13.87 | -0.26 | Taka |
| 5 | 벨기에 | BEF | 31.92 | 32.46 | -0.54 | Belgian Franc |
| 6 | 바레인 | BHD | 3,067.45 | 3,125.73 | -58.28 | Bahraini Dinar |
| 7 | 브루나이 | BND | 810.33 | 824.28 | -13.95 | Brunei Dollar |
| 8 | 브라질 | BRL | 283.22 | 284.89 | -1.67 | Brazilian Real |
| 9 | 캐나다 | CAD | 879.62 | 892.18 | -12.56 | Canadian Dollar |
| 10 | 스위스 | CHF | 1,179 | 1,195.54 | -16.54 | Swiss Franc |
| 11 | 칠레 | CLP | 1.53 | 1.53 | 0 | Chilean Peso |
| 12 | 중국 | CNY | 165.39 | 167.55 | -2.16 | Yuan Renminbi |
| 13 | 체코공화국 | CZK | 50.51 | 51.22 | -0.71 | Czech Koruna |
| 14 | 독일 | DEM | 658.26 | 669.39 | -11.13 | Deutsche Mark |
| 15 | 덴마크 | DKK | 172.29 | 175.2 | -2.91 | Danish Krone |

## 3-3-1. 관부가세 계산하기 1 _ 직접계산하기

관세율과 환율 확인을 마치고, 관부가세를 실제로 계산해보자.

> 중국에서 구매한 수영복 금액 : 1200위안
> - 중국현지 배송비 : 20위안
> - 중국에서 한국으로 배송비 : 한화20,000원
> - 관세율 : 13%(관세법령정보포털 사이트 관세율 기준)
> - 관세청 고시환율 : 169.12(중국,2019년 12월 03일 기준)
> - 과세가격 : 물품가격(상품가 : 1200위안+현지배송비 : 20위안+현지세금 : 0위안)+해외에서 한국까지 발생된 배송비 : 한화20000원 + 보험료 : 0원
>   =(물품가격1220위안×환율169)+한화20,000원=206,180원+20,000원=226,180원
> - 관세 : 과세가격×관세율=226,180원×13%=29,400원(원단위 절사)
> - 부가세 : (과세가격+관세)×10%=(226,180원+29,400원)×10%=25,550원(원단위 절사)
> - 관부가세 : 관세+부가세=29,400원+25,550원=54,950원

※ 실제로 부과되는 세금은 통관 시점의 환율, 세율 및 기타 사항에 따라 차이가 있을 수 있으므로 자세한 사항은 관세청을 통해 확인해야 한다.

### 3-3-2. 관부가세 계산하기 2 _ 관부가세계산기 이용하여 계산하기

직접 계산하는 방법도 좋지만, 관부가세 계산기를 이용하여 간편하게 계산하는 방법도 있다. 아래의 물품을 관부가세 계산기를 이용하여 계산해 보자.

❶ 패딩 1699위안 (티몰) 관부가세 계산하기

**01** 구매할 물품 가격을 확인한다.

**02** 네이버에서 '관부가세 계산기'를 검색한다.

**03** 대분류에서 '패션잡화'를, 소분류에서 '의류(일반)'을 선택한다.

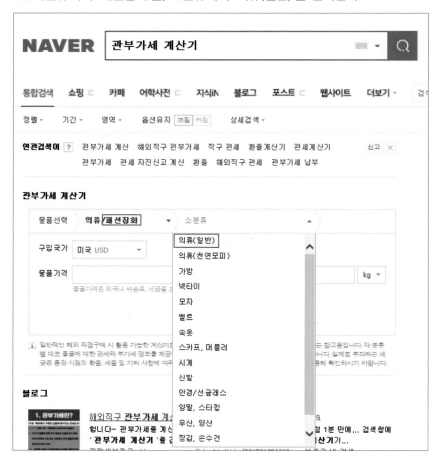

**04** 구입국가를 '중국 CNY'으로, 선택한 후 물품가격(1699위안)과 물품무게(1kg)를 입력한 후 하단의 '계산하기' 버튼을 클릭한다.

**05** 1699위안의 롱패딩 제품의 관부가세를 확인할 수 있다. 이 제품은 목록통관물품으로, 관세는 38,719원 , 부가세는 33,656원으로 계산되었다.

❷ 캠핑의자 239위안 (알리바바1688) 관부가세 계산하기

**01** 구매할 물품 가격을 확인한다.(1개만 구매할 경우, 239위안)

무게를 확인한다.(약1.1kg)

**02** 관부가세 계산기의 대분류에서 '가구/인테리어'를, 소분류에서 '의자'를 선택한 후 구입국가(중국)와 물품가격(239위안), 무게(1.1kg)를 입력 해 준 후 하단의 '계산하기' 버튼을 클릭한다.

**03** 239위안의 캠핑의자 한 개를 중국에서 한국으로 수입했을 때, 관부가세를 확인할 수 있다. 이 제품은 목록통관물품으로, 물품가액(발송국가 내 세금+내륙운임 포함)이 150불 이하이므로, 면세가 되었다.

# LESSON
# 02

# 통관방법

해외직구물품의 통관방법은 크게 일반통관과 목록통관으로 나누어지고, 이외에 간이통관과 대리통관, 사업자통관이 있다. 각 통관방식에 대해서 자세하게 알아보자.

## 1 _ 일반통관

목록통관 대상이 아닌 물품(물품가액이 미화150불 이상인 물품, 목록통관 배제대상물품)을 통관서류와 함께 확인하고 심사하는 일반적인 통관방식이다.

- 관부가세 면제되는 경우 : 물품가액이 150불 이하이며, 개인사용목적으로 구매한 물품
- 과세의 경우 :
  - 150불 초과된 상품(일반통관의 경우, 초과된 금액에 대해서만, 세금을 내는 것이 아니라, 총 과세 가격에 대해서 세금이 부가되기 때문에 더욱 주의해야한다.)
  - '자가사용 인정기준'을 초과한 경우(자가사용 인정기준이 있는 품목은 주로 농산품, 의약품, 한약재, 담배와 향수 등 이다.이러한 제품을 구매 할 경우, 구매하기 전, 관세청을 통해 확인하는 것이 중요)
- 물품가액 : 물품가액 + 발송국가 내에서 발생하는 세금과 내륙운임(발송국가에서 한국으로 발송하는 국제 운임비는 미포함)
- 필요서류 : 수입신고서, 개인통관고유부호(PART2-Lesson2-4. 상품주문 시 주의해야할 사항에 상세 설명을 참고한다.)

자가사용 인정기준 품목과 수량(수입통관사무처리에 관한 고시 제67조)

| 건강기능식품 | 총6병 | |
|---|---|---|
| 의약품 | 총6병(6병 초과의 경우 의약품 용법상 3개월 복용량) | 면세통관범위인 경우 요건확인 면제. 다만, 다음의 물품은 요건확인대상-CITES규제물품(예:사향 등) 성분이 합유된 물품 · 식품의약품안전처장의 수입불허 또는 유해의약품 통보를 받은 품목이거나 외포장상 성분표시가 불명확한 물품 · 에페드린, 놀에페드린, 슈도에페드린, 에르고타민, 에르고메트린 합유 단일완제의약품 면세통관범위를 초과한 경우에는 요건확인대상. 다만, 환자가 질병치료를 위해 수입하는 건강기능식품은 의사의 소견서 등에 의거 타당한 범위내에서 요건확인 면제 |

| 생약(한약)제제 | 종류 | 품명 | 면세통관범위(자가사용인정기준) | | |
|---|---|---|---|---|---|
| | 모발재생제 | | 100ml×2병 | | |
| | 제조환 | | 8g入×20병 | | |
| | 다편환, 인삼봉황 | | 10T×3갑 | | |
| | 소염제 | | 50T×3병 | | |
| | 구심환 | | 400T×3병 | | |
| | 소갈환 | | 30T×3병 | | |
| | 활락환, 삼편환 | | 10알 | | |
| | 백봉환, 우황청심환 | | 30알 | | |

| | 十金大補丸,虎骨, 鹿胎丸,秋風透骨丸,羊羚,虎骨,腰骨,牛黄,金雞,蟾酥,海狗腎,鹿狗腎,鹿茸,麝香,男寶,女寶,春寶,春寶,强力春寶 등 성분미상 보신제 | 약사법 대상 |
|---|---|---|
| 마약류 | 芬氣拉明片,鹽酸安非拉明片,히로뽕,阿片,大麻草 등 | 마약류관리에관한법률 대상 |
| 야생동물관련제품 | 호피, 야생동물가죽 및 박제품 | CITES규제대상 |

| 기호물품 | 주류 | 1병(1L이하) | |
|---|---|---|---|
| | 궐련 | 200개비 | 물품가격 미화 150달러 초과인 경우 과세 대상 주류는 주세 및 교육세 과세 |
| | 엽궐련 | 50개비 | |
| | 전자담배 | 니코틴용액 20ml | |
| | 기타담배 | 250g | |
| | 향수 | 60ml | |
| 기타 | 기타 자가사용물품의 인정은 세관장이 판단하여 통관허용 세관장확인대상물품의 경우 각 법령의 규정에 따름 | | |

| 종류 | 품명 | 면세통관범위(자가사용인정기준) | 비고(통관조건 및 과세 등) |
|---|---|---|---|
| 농림산물 | 참기름,참깨,꿀,고사리,버섯,더덕 | 각 5kg | 면세통관범위 초과의 경우에는 요건확인대상(식물방역법, 가축전염병예방법, 수산동물질병관리법 대상은 면세통관범위 이내의 물품도 반드시 요건확인을 받아야 함) |
| | 호두 | 5kg | |
| | 잣 | 1kg | |
| | 소, 돼지고기 | 각 10kg | |
| | 육포 | 5kg | |
| | 수산물 | 각 5kg | |
| | 기타 | 각 5kg | |
| 한약재 | 인삼(수삼,백삼,홍삼 등) | 합 300g | 녹용은 검역후 500g(면세범위 포함)까지 과세통관 면세통관범위 초과의 경우에는 요건확인대상 |
| | 상황버섯 | 300g | |
| | 녹용 | 검역후 150g | |
| | 기타 한약재 | 각 3kg | |
| 뱀,뱀술,호골주 등 혐오식품 | | CITES규제대상 | |
| VIAGRA 등 오 남용우려의약품 | | 처방전에 정해진 수량만 통관 | |

- 요건확인이란?

수입 물품에 대해 법령이 요구하는 여러 조건을 충족하였는지 그 여부를 확인하는 일이다.

# 2 _ 목록통관

송수하인 성명, 전화번호, 주소, 물품명, 가격 ,그 중량이 기재된 송장만으로 통관이 가능한 통관제도이다. 절차가 간편하기 때문에, 물품을 더욱 빠르게 받아볼 수 있다.

- 관부가세가 면제되는 경우 : 물품가액이 150불 이하(미국에서 구매하여, 미국에서 발송한 물품은 200불 이하)이며, 개인사용목적으로 구매한 물품이다.
- 과세의 경우 : 물품가액이 150불 초과된 상품(미국에서 구매하여, 미국에서 발송한 물품은 200불 이상)
- 물품가액 : 물품가액 + 발송국가 내에서 발생하는 세금과 내륙운임(발송국가에서 한국으로 발송하는 국제 운임비는 미포함)
- 필요서류 : 송장(배대지를 이용할 경우, 개인통관고유부호가 필요함)

- 목록통관 배제대상 물품

| 번호 | 구분 | 예시(빈번 반입물) |
|---|---|---|
| 1 | 의약품 | 파스, 반창고, 거즈·붕대, 항생물질 의약품, 아스피린제제, 소화제, 두통약, 해열제, 감기약, 임신테스터기, 발모제 등 |
| 2 | 한약제 | 인삼, 홍삼 등 |
| 3 | 야생동물 관련 제품 | 멸종 위기에 처한 야생 동·식물의 국제거래에 관한 협약(CITES)에 딸 국제거래가 규제된 물품(예 상아제품, 악어가죽 제품, 뱀피 제품 등) |
| 4 | 농림축수산물 등 검역대상품 | 커피(원두 등), 차, 견과류, 씨앗, 원목, 조제분유, 고양이·개 사료, 햄류, 치즈류 등 |
| 5 | 검강기능 식품 | 비타민 제품, 오메가3 제품, 프로폴리스 제품, 글루코사인 제품, 엽산 제품, 로열제리 등 |
| 6 | 지식재산권 위반 의심물품 | 짝퉁 가방, 신발, 의류, 악세사리 등 |
| 7 | 식품류·주류·담배류 | 비스킷, 베이커리, 조제커피, 차, 조제과실, 견과류, 설탕과자, 초콜릿식품, 소스, 혼합조미료, 담배, 주류 등 |
| 8 | 화장품(기능성화장품(미백, 주름개선, 자외선 차단 등), 태반화장품, 스테리오드제함류 화장품 및 성분 미상 등 유해화장품에 한함) | |
| 9 | 적하목록 정정에 따라 선하증권 또는 항공화물운송장 내용이 추가로 제출된 물품 | |
| 10 | 통관목록 중 품명·규격·수량·가격·수하인주소지·수하인 전화번호 등이 부정확하게 기재된 물품 | |
| 11 | 기타 세관장 확인 대상물품 | 총포, 도검, 화약류, 마약류 등 |

# 3 _ 한 눈에 살펴보는 일반통관과 목록통관 비교

| 번호 | 일반통관 | 목록통관 |
|---|---|---|
| 정의 | 목록통관대상이 아닌 물품을 수입신고서와 함께 확인하고 심사하는 통관방식 | 송수하인 성명, 전화번호, 주소, 물품명, 가격, 그 중량이 기재된 송장만으로 통관하는 방식 |
| 대상 | 목록통관대상이 아닌 물품, 150불 초과 물품 | 개인사용목적으로 구매한 150불이하의 물품(미국에서 구매하여, 미국에서 발송하는 물품은 200불이하) |
| 과세기준 | 150불 초과 물품, 자기사용 기준초과 물품 | 물품가액 150불(미국발물품은 200불) 초과 물품 |
| 물품가액기준 | 총물품가액 = 물품가 + 발송국가내에서 발생된 운임과 세금(국제운임, 배송료 미포함) | |
| 필요서류 | 수입신고서, 개인통관고유부호 | 송장, 개인통관고유부호 |

일반통관과 목록통관 시. 정해진 물품가액은 물품가액 + 발송국가 내에서 발생하는 세금과 내륙운임(발송국가에서 한국으로 발송하는 국제 운임비는 미포함)이다. 예를 들어, 조금 더 정확하게 과세되는 기준에 대해 알아보자.

**예** 타오바오에서 구매한 A상품의 판매금액 : 300위안, 타오바오 판매자가 중국현지 배대지로의 발송운임비 : 8위안, 배대지에서 한국으로 발송한 운임비 : 10000원(한화)일 때, 목록통관이 가능할까?

목록통관의 물품가액기준 : 물품가액 + 발송국가 내에서 발생하는 세금과 내륙운임

물품가액300위안+현지운임8위안=308위안(미화 : 44불) →과세기준150불이 초과되지 않았으므로, 목록통관이 가능하여, 관부가세가 면제된다

- **일반통관물품과 목록통관물품이 함께 배송된다면?**

일반통관물품이 목록통관물품과 함께 있다면 목록통관이 불가하여, 일반통관으로 진행되게 된다. 이 때문에, 일반통관제품과 목록통관제품을 따로 주문하는 것이 좋다.

- **합산과세란 무엇인가?**

같은국가에서 구매한 2건이상의 물품의 한국입항일이 같다면 2건이상의 물품가액은 합산되어, 150불 이상일 경우, 과세가 발생한다.

**예** A양은 11월10일 타오바오에서 롱패딩(600위안)구매. 11월15일 알리바바1688에서 어그부츠2켤레(600위안) 구매를 했다. 두 상품 한국입항일이 11월23일로 같다면 두상품의 합산금액 1200위안(미화 : 170불)이 미화150불을 초과했기 때문에, 관부가세를 내야한다.

- **합산과세 예외의 경우**

– 구매한 물품의 국가가 다른 경우

**예** 미국과 중국에서 구매한 물품이. 같은 날 한국에 입항하게 된다면 이 경우에는 합산과세가 발생하지 않는다.

# 4 _ 간이/대리/사업자통관

## 4-1. 간이통관

일반통관 범주 안에 있는 통관방식으로, 일반통관과정을 간소화시켜 통관이 진행된다. 개인사용목적으로 구매한 150불 이상, 1000불이하의 물품에 한하여 수취인이 세관장에 '일반통관물품'으로 미리 신고를 해야 한다. 간이통관으로 진행될 경우, 관세사비용을 절감할 수 있고 간이세율이 적용된다.

## 4-2. 대리통관

물류회사와 제3의 무역회사가 대리수입자가 되어 물품을 수입하여 통관한 뒤 한국에서 납품하는 형태의 통관방식이다. 수입하는 양이 소량보다는 많고, 대량은 되지 않을 때 많이 사용하는 통관방식이다.

## 4-3. 사업자통관

판매를 목적으로 수입하는 물품에 대하여, 개인고유통관부호가 아닌 사업자등록번호로 통관하는 방식으로 물품가액과 양에 상관없이 품목에 따른 관부가세를 모두 지불해야한다.

---

**알고가자!**    **해외직구 시 주의해야할 통관방식**

상업용으로 수입하는 물품은 금액과 양에 상관없이, 모두 사업자통관을 진행해야하며, 목록통관으로 관세면제(물품가액이 150불 이하일 경우)를 받아, 수입하여, 국내에서 재판매하는 경우, 밀수에 해당한다. 특송업체를 통하여, 수입하는 경우, 미리 업체에 말하지 않으면 목록통관으로 진행되기 때문에, 주의해야한다. 구매대행업을 진행하는 경우는, 구매대행업자가 의뢰받은 물품을 대신 구매하여, 각각 의뢰인의 개인고유통관부호로 통관하여, 의뢰인의 수령지로 발송하기 때문에, 이 경우는 밀수에 해당되지 않는다.

---

**알고가자!**    **모바일 링크를 pc버전 링크로 변경하기**

타오바오 모바일 버전에서 찾은 상품 링크를 PC버전에서 열면 페이지가 전환되지 않거나 크기가 다르게 보이고 이미지 등을 복사하지 못하게 되어 사용하는데 많은 불편함이 있습니다.
아래 소개 드리는 확장 프로그램과 지원 사이트를 활용하여 간단하고 쉽게 모바일 링크를 pc버전 링크로 변경할 수 있습니다.

**01** 타오바오 링크 변환기(크롬 확장프로그램)
크롬 웹스토어에서 타오바오 링크 변환기를 검색하여 크롬에 추가해 주면 된다. 타오바오 모바일 링크를 쉽게 pc버전 링크로 변환해준다.

**02** 타오바오 링크 컨버터

https://taobaotools.github.io

웹브라우저에서 사이트를 열어주고 모바일 링크를 넣은 다음에 convert를 클릭해주면 자동으로 pc버전 링크로 변경이 된다.

# Taobao

# Alibaba

# APPENDIX

# 완전 알짜 꿀 정보 6가지

Appendix 01 한 눈에 알 수 있는 타오바오 판매 핵심 전략
Appendix 02 타오바오/알리바바 직구 시 바로 써먹는 전투 중국어
Appendix 03 배송대행 핵심정리
Appendix 04 타오바오 라이브 방송으로 상품구매하기
Appendix 05 샵비즈 대량등록 솔루션 활용하기
Appendix 06 저자와 함께하는 커뮤니티

# 01

# 한 눈에 알 수 있는
# 타오바오 판매 핵심 전략

타오바오에서 직구를 진행하게 되면 점점 타오바오 판매에 관심을 가지게 된다. 타오바오에서 구매를 해본 경험은 판매를 진행할 때 매우 큰 강점이 된다. 고객이 원하는 부분을 빠르게 인지하고 이해할 수 있기 때문이다. 이 부분이 바로 판매의 핵심전략이다.

## 1 _ 한 눈에 살펴보는 타오바오 판매 프로세스 이해하기

### 1-1. 상품 업데이트하기

**01** 판매할 상품을 업데이트 한다.

**02** 판매자센터(卖家中心) ─〉 상품 업데이트(发布宝贝)를 클릭하여 업데이트를 진행한다.

## 1-2. 구매자와 채팅하기

중국인고객들은 판매자와 채팅하는 것을 매우 좋아한다. 채팅으로 상품정보를 물으며 재확인 후 구매를 한다. 채팅문의 없이 바로 구매하는 고객은 거의 드물다. 이런 쇼핑 특징 때문에 고객의 채팅에 응대하는 속도에 따라 매출에 큰 영향을 미친다.

**01** 판매자 채팅 프로그램(천우:千牛)에 로그인한다. (❶ 아이디: 타오바오 아이디, ❷ 비밀번호: 타오바오 비밀번호)

**02** 고객에게 문의가 오면 바로 답해준다. 천우 프로그램은 PC 버전과 모바일 버전이 모두 제공되기 때문에 이동 시에도 모바일 버전으로 고객문의에 대한 답변이 끊기지 않도록 한다.
다음 그림은 고객과의 대화내용 사례이다.

---

고객 : 재고 있나요?

판매자(dongbangsingi) : 안녕하세요. 고객님. 저희 상점에 오신 것을 환영합니다.

저희 상점은 대리구매 상점이기 때문에 교환환불은 불가합니다. 양해 부탁드려요.

상품에 따라 발송지가 다릅니다.

상담가능시간은 AM 10:00~PM 24:00 이구요. 상담시간이 아닌 경우에는 메모를 남겨주세요. 다음날 상담시간에 바로 답변 드리겠습니다.

판매자(dongbangsingi) : 재고 있습니다.

고객 : 조금 저렴하게 해 줄 수 있나요?

판매자(dongbangsingi) : 지금 구매하시면, 10%할인해 드릴게요.

---

## 1-3. 물건발송하기

고객이 물건을 결제한 후 최대한 빠르게 발송하고 판매자센터(卖家中心)에서 발송한 상품의 송장 번호를 입력한다. 송장번호를 입력한 후 주문서를 클릭하면 물류조회는 실시간으로 가능하다.

▲ 물류 조회화면

## 1-4. 평가하기

구매자가 물건을 수령한 후 상품에 대한 평가를 입력하고 판매자도 구매자에 대한 평가가 마쳐졌을 때 상점점수가 올라간다. 구매자와 판매자의 평가가 모두 마쳐진 주문서는 우측에 '쌍방평가마침(双方己评)'라고 입력된다.

# 2 _ 타오바오 회원가입부터 입점 후 판매까지_핵심 전략 이해하기

회원가입부터 입점 방법 및 판매까지 타오바오 판매 프로세스와 핵심 전략에 대해서 살펴본다.

## 2-1. 타오바오 회원가입하기

**01** 타오바오 사이트(www.taobao.com)에 접속한다.

**02** 타오바오 사이트 메인화면 우측 중간부분의 회원가입(注册) 버튼을 클릭하여 절차대로 가입을 진행하여 완료한다.

※ 타오바오 회원가입 절차에 관한 자세한 내용은 "Part 02 타오바오/알리바바1688 직구 준비하기 – Lesson 01. 타오바오/알리바바 직구 준비하기 – 1.회원 가입하기"를 참조한다.

## 2-2. 타오바오에 입점(상점 개설)하기

타오바오에 입점하기 위해서 가장 중요한 준비물은 중국현지에서 개설한 계좌이다. 만약 직구를 진행할 때 중국계좌를 개설한 후 알리페이(支付宝:즈푸바오)에 계좌를 연동했다면 1단계는 이미 모두 마친 상태이다.

타오바오 입점 준비물을 다음과 같다.

- 타오바오 아이디
- 중국계좌(중국현지은행에서 직접 개설한 계좌)
- 중국휴대폰 유심칩
- 여권

❶ 1단계 : 알리페이(支付宝:즈푸바오)에 계좌 연동하기(자세한 사항은 "Part 03. Lesson 02 타오바오/알리바바에서 상품 구매하기"를 참고한다.)

❷ 2단계 : 타오바오 입점 실명 인증하기

**01** 타오바오 사이트에 로그인 후 우측 상단의 판매자센터(卖家中心)에서 무료 상점개설(免费开店) 버튼을 클릭한다.

**02** 상점을 개설하기 위해서 입점할 플랫폼을 선택한다. 타오바오 개인명의로 개설신청은 좌측 개인상점(个人店铺)을, 기업명의로 개설신청은 기업상점(企业店铺)을 클릭하여 순서대로 진행한다. 필자는 개인상점(个人店铺) 개설하기를 소개하겠다. 개인상점 개설하기(创建个人店铺) 버튼을 클릭한다.

03 알리페이(支付宝 :즈푸바오)에 계좌를 연동하고 실명 인증을 마친 경우 아래와 같은 화면을 볼 수 있다. 알리페이 실명 인증(支付宝实名认证) 바로 옆에 이미통과(已通过)가 입력되어있다. 알리페이 인증을 모두 마쳤다면 바로 아래 항목인 타오바오 점포 개설인증(淘宝开店认证) 우측의 '인증하기(立即认证)' 버튼을 클릭하여 인증을 진행한다.

• 회원유형(用户类型)을 외국인(外籍用户)으로 선택하기
• 첫 번째인 항목 알리페이 인증을 먼저 완료한 후, 두 번째인 항목 타오바오 점포개설인증을 진행한다. 두 항목 인증을 모두 마치면 타오바오 점포개설이 완료된다.

**04** '인증하기(立即认证)' 파란색 버튼을 클릭한다.

**05** 모바일 타오바오 앱에 로그인 후 첫 페이지 좌측상단의 스캔하기(扫一扫) 버튼을 클릭하여 PC 화면속의 QR코드를 스캔한다.

**06** 모바일에 인증시스템이 실행된다. 인증시스템 하단의 인증시작(开始认证) 버튼을 누른다.

**07** 얼굴인증이 실행된다. 하단의 인증1(点击验证1) 버튼을 누른다.

**08** 화면속의 동그라미 부분에 얼굴을 비춘 후 화면속의 메시지 내용으로 인증을 진행한다.

메시지내용:

- 张下嘴 : 턱을 아래로 벌리세요.
- 左右摇头 : 왼쪽과 오른쪽으로 고개를 저으세요.
- 眨眼 : 눈을 깜박이세요.

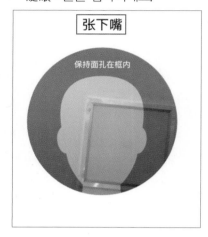

**09** 여권인증이 실행된다. 하단의 사진찍기(立即拍照) 버튼을 누른 후 본인의 여권을 찍어 업로드한다.

**10** 핸드폰번호 인증이 실행된다. '+86'을 '+82'로 변경한 후 핸드폰번호(手机号码)란에 본인의 한국 핸드폰번호를 넣고 바로 옆 인증번호받기(获取验证码) 버튼을 누른다. 받은 인증번호를 문자인증번호 (短信校验码)란에 입력하고 하단의 다음(下一步) 버튼을 누른다.

**11** 지역설정인증이 실행된다. 지역을 한국(韩国)으로 설정한 후 하단의 제출(提交) 버튼을 누른다.

**12** 인증결과를 알려주는 시간안내 메시지 창이 나오면, 타오바오 점포개설 인증은 모두 마쳐졌다. 안내된 시간에 인증결과를 확인하고 인증이 통과되지 못한 경우에는 재인증을 진행하고 인증이 통과된 경우에는 상점 운영준비를 한다.

预计2019-12-22 14:40:15之前完成审核。请耐心等待。(2019-12-22, 14:40:15이전에 심사가 완성됩니다, 기다려주세요)

▲ 안내메시지

## 2-3. 상품판매: 모바일천우(千牛 : 이동 판매자센터)를 통한 고객문의 놓치지 않기

상품판매에서 가장 중요한 부분은 고객응대이다. 한번 찾아온 손님에게 구매할 수 있도록 디테일하게 안내를 하고 다시 찾아오고 싶은 상점으로 각인시키는 방법을 알아보자.

### 2-3-1. 모바일 천우(千牛:이동 판매자센터) 앱 다운 받기

모바일천우는 판매자가 이동하면서도 고객응대 및 각종업무(상품관리, 발송처리 등)를 할 수 있는 앱이다. 앱스토어에서 千牛(천우)로 검색하여 다운받을 수 있다.

## 2-3-2. 모바일 천우(千牛:이동 판매자센터)의 판매자 상태를 항상 온라인(在线) 상태로 설정하기

상담시간이 아닌 시간에도 자리비움(离线) 상태로 변경하기
보다는 온라인(在线) 상태로 설정해 놓는다.

## 2-3-3. 자동응답시스템 설정하기

고객응대가 많을 경우를 대비해서 고객문의가 가장 많았던 내용으로 자동응답메시지를 작성한다. 자동응답기능은 PC천우(千牛:이동 판매자센터)에서 설정할 수 있다.

**01** PC천우(千牛:이동 판매자센터) 좌측하단의 3개의 줄(三)을 클릭한 후 시스템설정(系统设置) 버튼을 누른다.

**02** 상단의 응대설정(接到设置)–〉좌측의 자동응답(自动回复)–〉중앙의 자동응답(自动回复) 버튼을 차례대로 클릭한다.

**03** 상단의 자동응답설정(设置自动回复) 버튼을 클릭한 후 상황별체크박스 앞에 체크한다. 우측의 새로추가하기(新增) 버튼이 파란색으로 활성화되면 클릭한다.

- 当天第一次收到买家消息时自动回复(구매자가 처음 말을 걸었을 때 자동응답 메시지)
- 当我的状态为"忙碌"时自动回复(판매자의 상태가 "바쁨"일 때 자동응답 메시지)
- 当我的状态为"离开"时自动回复(판매자의 상태가 "자리비움"일 때 자동응답 메시지)
- 当正在联系人数""时自动回复(현재 접속하는 구매자수가 ""명일 때 자동응답 메시지)

**04** 메시지 창에 메시지를 모두 작성한 후 하단의 저장(保存) 버튼을 클릭하면 설정이 완료된다.

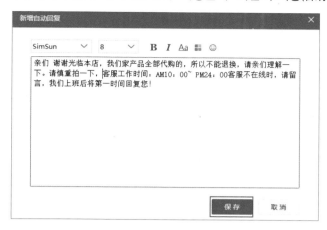

## 2-4. 가격 수정하는 방법

가격할인은 고객의 구매욕구를 불러일으키는 가장 좋은 방법으로 반드시 숙지해야 한다. 고객과 채팅으로 대화 중 가격을 할인해야하는 경우가 종종 발생한다. 이때, 모바일 천우(千牛:이동판매자센터)로 가격을 수정하여 고객이 바로 구매할 수 있도록 한다.

**01** 고객이 상품을 장바구니에 넣은 후(加入购物车), 주문서제출(提交订单) 버튼을 클릭하면 판매자의 천우(千牛:모바일 판매자센터)에 새로운 주문서(新订单)가 있다는 알림이 온다.

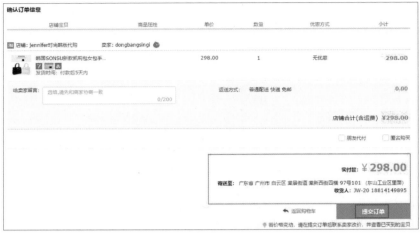

▲ 구매자가 주문서제출(提交订单) 버튼을 클릭하는 화면

▲ 판매자의 천우(千牛:모바일 판매자센터)에 새로운 주문서(新订单)가 있다는 알림화면

**02** 구매자가 장시간 결제를 하지 않을 경우 판매자가 구매자에게 채팅으로 가격할인 제안을 하여 구매를 촉진시킬 수 있다.

판매자 : 현재 저희상점에서 이벤트를 진행 중 입니다. 지금 구매하시면, 10% 할인해 드립니다.

구매자 : 네, 그럼 지금 결제할게요. 가격수정 해주세요.

판매자 : 네

▲ 대화내용

**03** 가격수정은 할인율과 원 클릭 등 두 가지 방법으로 가능하다. 첫 번째 방법인 할인율을 이용해서 가격수정을 진행해 보겠다. 모바일 주문서의 가격수정(改价) 버튼을 클릭한다.

**04** 가격수정 창 상단의 할인율 입력하는 곳(折)에 할인율을 입력하여 가격을 수정한다. 하단의 가격이 수정된 결과를 확인하고 파란색 '확정(确定)' 버튼을 누른다.

---

### 알고가자!

중국의 할인율은 한국의 할인율과 다르다. 중국의 할인율을 알아보자
 - 打9折=한국10%할인
 - 打8折=한국20%할인
 - 打7折=한국30%할인
 - 打6折=한국40%할인

**05** 두 번째 방법인 원 클릭 가격수정을 진행해 보겠다. 가격수정 창 하단의 파란색 '단축가격수정(快捷改价)' 버튼을 누른다.

**06** 수정하고 싶은 가격을 입력한 후 하단의 '확정(确定)' 버튼을 누른다.

# 3 _ 한 눈에 살펴보는 타오바오 마케팅

타오바오에 입점 한 후 운영을 하다보면 상점 마케팅에 대해서 고민을 많이 하게 된다. 이러한 판매자들을 위해서 타오바오 사이트에서는 여러 가지 마케팅 방안을 제공하고 있다. 유료에서 무료까지 다양한 마케팅 방법 중 대표적인 4가지 방법을 알아보자.

## 3-1. 마케팅 툴 살펴보기

### 3-1-1. 웨이타오(微淘)

웨이타오는 타오바오 모바일 앱 안의 판매자 블로그이다. 무료 마케팅 방법으로 판매자가 자신의 일상을 포함한 신상품과 판매상품에 대한 영상과 정보를 업데이트하여 구매자와 소통하는 공간이다. 구매전환율이 높기 때문에 필수적으로 진행해야 하는 마케팅 방법이다. 타오바오 앱 하단의 하트 모양을 누르면 웨이타오(微淘) 안으로 들어갈 수 있다.

### 3-1-2. 직통처(直通车)

직통처(直通车)는 유료 키워드 광고이다. 판매자가 광고할
상품을 등록하고 그 상품에 대한 검색 키워드를 설정한 후
검색어의 클릭 당 가격을 정한다. 클릭 당 가격에 따라 노
출순위가 정해진다. 직통처 광고비는 선충전형식으로 충전
해 놓은 금액에서 클릭 당 금액이 빠져나간다.

❶ 상품 노출 위치: 직통처 광고를 했을 때 상품이 노출되는 위치를 알아보자.

· PC
상품을 검색 했을 때 검색화면의 첫 번째 상품, 우측과 하단에 있는 상품이 직통처 광고 상품이다.

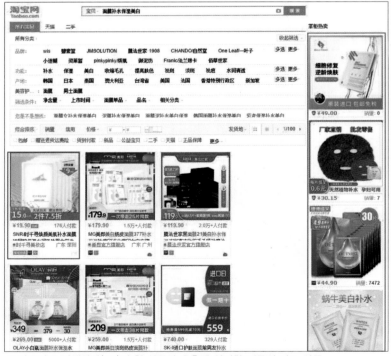

▲ 타오바오 검색화면(PC)의 첫 상품과 우측에 위치한 직통처 광고 상품

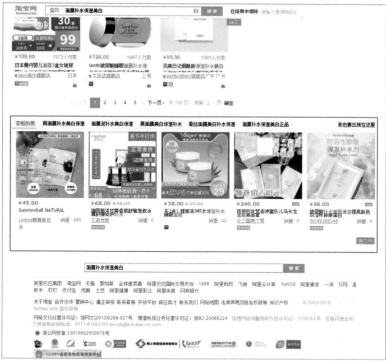

▲ 타오바오 검색화면(PC)의 하단에 위치한 직통처 광고 상품

• 모바일

상품을 검색 했을 때 상품사진 좌측상단에 'HOT' 단어가 입력된 상품이 직통처 광고 상품이다.

❷ 타오바오커(淘宝客)

타오바오 판매자를 대신해서 타오바오커(다수의 팔로워, 개인채널 혹은 플랫폼을 가진 자)가 자신의 채널 혹은 플랫폼에서 상품을 홍보하고 판매가 되면 일정의 수수료를 판매자에게 입금받는 마케팅 방법이다. 상품이 판매가 되었을 때 광고비가 지불된다는 장점으로 광고비가 부담스러운 신규점포 판매자에게 적합한 광고이다.

3-2. 타오바오에서 진행하는 이벤트 참여하는 방법

타오바오 사이트에서는 여러 가지 무료 마케팅 이벤트를 진행하고 있다. 예를 들면, 우수상품모음전, 여성의류모음전, 스포츠용품모음전 등 각 아이템별로 진행하고 있는 이벤트에 참여하면 상품 노출기회를 얻게 되므로 수시로 자신이 참여 가능한 이벤트를 확인하고 신청해야한다.

이벤트는 타오바오 판매자센터(卖家中心) → 마케팅센터(营销中心 ) → 활동신청(活动报名) 카테고리에서 확인할 수 있다.

▲ 활동신청(活动报名) 카테고리 안에서 현재 진행하는 이벤트를 확인할 수 있다.

# 02

# 타오바오/알리바바 직구 시
# 바로 써먹는 전투 중국어

직구를 할 때는 물론 이외에도 타오바오 혹은 알리바바 판매자와 아리왕왕(구매자채팅프로그램)으로 많은 대화를 나누게 된다. 구매 후 발송여부문의와 상품을 수령 후, 물건파손 혹은 분실로 교환과 환불을 요청할 경우 등 중국어가 필요한 부분이 적지 않다. 하지만 자주 사용하는 문장들로 거의 대화가 이루어지기 때문에 이 문장들만 잘 정리해 놓으면 당황하지 않고 여러 가지 상황 속에서 문제를 잘 해결 할 수 있다.

## 1 _ 자주 사용하는 중국어

다음은 직구나 판매자와 대화 시 자주 사용하는 대표적인 문장들을 정리한 표이다.

| | 한국어 | 중국어 |
|---|---|---|
| 구매 전 | 재고있나요? | 有货吗? |
| | 재질이 어떻게 되나요? | 这是什么材质的 |
| | 다른 (색상/디자인)은 없나요? | 有没有别的(颜色/款式)? |
| | 샘플받아볼 수 있을까요? | 能收到样品吗? |
| | 샘플을 써 본 후, 마음에 들면. 다음에 대량구매를 할 생각입니다. | 试用样品后,如满意,下一步打算大量采购。 |
| | 재입고는 언제 되나요? | 什么时候能再进货呢? |
| | (설/추석/노동절)연휴는언제부터입니까? | (春节/中秋节/劳动节)什么时候开始放假? |
| | 2개사면. 어떤 이벤트가 있나요? | 如果我买2个，有什么优惠? |

| | | |
|---|---|---|
| 구매 전 | 조금 저렴하게 해주세요. | 请您便宜一点儿。 |
| | 쿠폰 있요? | 有优惠券吗? |
| | ~위안으로 저에게 판매해주세요. 다음에 또 올게요. | 请您卖给我**元，下次我再来。 |
| | 물건을 찜했습니다. 가격을 수정주세요. | 我提交订单了，请您改价格。 |
| | 지금결제하겠습니다. | 现在我付款 |
| 구매 후 | 언제 발송되나요? | 什么时候能发货? |
| | 발송송장번호를 알려주세요. | 请告诉我发货单号。 |
| | *월*일에 주문한 상품을 아직도 받지 못했습니다. | *月*号付款的货，我还没收到。 |
| | 급하게 쓸 물건입니다. 최대한 빨리 발송해주세요. | 急需用的东西，请尽快发货。 |
| | 배송지(수령인.연락처)를 변경해주세요. | 请变更(配送地址/收件人/手机号码) |
| | 어제 주문한 상품을 취소하고싶습니다. 방법을 알려주세요. | 想取消昨天订购的商品,请告诉我方法。 |
| | 빨간색 상품을 주문했는데, 검은색 상품을 받았습니다. | 订购了红色商品,收到黑色商品。 |
| | 상품교환해 주세요, 물품보낼 주소지를 알려주세요. | 请更换商品,告诉我发货地址。 |
| | 상품이파손되어왔습니다.환불해주세요. | 商品破损了。请给我退款。 |
| | 환불방법을 알려주세요. | 请告诉我退款方法。 |
| | 상품이 상세페이지와 너무 다릅니다. 반품해주세요 | 商品与详细页面太不一样了。请退货。 |

다음은 중국어를 잘 모르는 상태에서 나의 상황을 알려 주면서 대화할 때 사용할 수 있는 내용을 정리한 표이다.

| 한국어 | 중국어 |
|---|---|
| 판매자님, 저는 한국에서 구매하는 사람인데 중국어를 못하니 영문의 OX로 대답해주세요(외국인이고 중국어를 잘 못한다는 것을 표현을 해 줌) | 店主，我是在韩国购买的，我不会中文，所以你回答用英语的O或X表达一下 |
| 저는 이걸 사려고 하는데요.<br>(메신저에 보면은 화면의 그림을 캡처하는 게 있다. 그걸로 사진을 캡처해서 보내주면서 이렇게 보내면 판매자가 알아 봄) | 我想买这个 |
| 물건은 바로 한국까지 배송할 수 있나요? 국제택배 이용해서요.<br>(불가능 하지만 이렇게 물어보면 관심을 끌 수 있다. 또한 배대지로 보내서 한국으로 들여오기 때문에 비용이 더 발생한다. 즉, 가격을 깎아 달라고 말해도 이해한다.) | 货可以直接发到韩国吗，用国际快递发货 |
| 주문내역서상에 배송주소를 영문으로 작성할 수 없는데 판매자분이 직접 영문으로 작성해줄 수 있나요? | 订单上收货人地址输不进去英文，你可以帮我写我的韩国的英语地址吧? |
| 아니면 제가 당신에게 한국어 주소를 보내드릴게요. 한국어가 필요하면 O, 아니면 X로 알려주세요. | 要不我发给你韩国语地址,可以写韩国语的话表达O, 不用的话X |
| 서울까지 국제택배 배용은 얼마인가요?<br>(이렇게 말하면 배송이 불가능 하다 또는 배송비가 얼마다 이야기 할 것이고 알았다 내가 이용하는 산동성의 배대지로 받아서 한국으로 보내겠다고 하면서 배송비가 많이 나오니 조금 깎아 달라고 말해 본다.) | 到首尔国际快递费用是多少? |
| 그러면 네가 산동까지만 보내주면 내가 물류회사를 찾아서 알아서 한국으로 보내서 받겠습니다. | 那你给我发到山东的话，我会找物流公司自己看着办，然后送到韩国去收货。 |

| | |
|---|---|
| 물건과 배송비를 모두 합치면 얼마나요? | 货款和快递费用加起来总共多少钱？ |
| 국제 물류비가 매우 비싼 것 같은데 조금 싸게 해줄래?(눈물 흘리는 이모티콘을 같이 보내주면 효과적이다.) | 国际物流费太贵了，能便宜点吗？ |
| 저 우선 구매버튼 누를 테니 주문내역서상에 가격을 고쳐주세요. 가격을 고치고 저에게 O라고 말해주세요.<br>(주문내역서상에 가격 바뀐 것 확인하고 결제하면 된다.) | 那我先拍一下，你在订单上帮我改价格一下，改完后跟我说'O' |

## 2 _ 패션관련 중국어 모음

다음은 의류, 의복, 신발, 잡화, 속옷 등 패션 관련 중국어를 정리한 표이다.

• 의류에 붙이는 중요한 양사

| 중국어 | 한국어 | |
|---|---|---|
| 件 jian 지엔 | 일반적인 의류에 붙이는 양사 | |
| 条 tiao 티아오 | 가늘고 긴것 바지,넥타이등 | |
| 套 tao 타오 | 세트 | |

• 의복 관련 중국어

| 중국어 | 한국어 | |
|---|---|---|
| 穿衣 [chuān yī] 츄안이 | 옷을 입다 | |
| 穿衣 [chuān yī] 투어이 | 옷을 벗다 | |
| 换衣 [huàn yī] 환이 | 옷을 갈아입다 | |
| 衣服 [yī fu] 이푸 | 옷, 의복 | |
| 服装[ fuzhuang ] 푸좡 | 복장,옷 | |
| 游泳衣 [yóu yǒng yī] 여우용이 | 수영복 | |
| 睡衣 [shuì yī] 쉐이이 | 잠옷 | |
| 雨衣 [yǔ yī] 위이 | 비옷 | |
| 西服 [xī fú] 시푸,  西装, 시좡 | 양복 | |
| 套装taozhuang 타오좡 | 정장 | |
| 毛衣 [máo yī] 마오이 | 스웨터 | |
| 针织服装[针织服装 ] | 니트의류 | |
| 外套 [wài tào] 와이타오 | 외투 | |
| T衫 [T shān] 티산,T恤txu,  汗衫hanshan | 티셔츠 | |

| | |
|---|---|
| 衬衫 [chèn shān] 천산 | 와이셔츠 |
| 女衬衣[ nvchenyī ] | 여성브라우스 |
| 紧身弹力裤[ jinshentanliku ] | 레깅스 |
| 裤子 [kù zi] 쿠즈 | 바지 |
| 短裤[ kuanku ]돤쿠 | 반바지 |
| 牛仔裤 [niú zǎi kù] 니우자이쿠 | 청바지 |
| 裙子[ qunzi] 췬즈 | |
| 迷你裙[ miniqun] 미니췬, 超短裙 chaoduanqun | 미니스커트 |
| 连衣裙[ lianyiqun ] 리엔이췬 | 원피스 |
| 旗袍[ qipao ] 치파오 | 치파오 |
| 韩服[ hanfu ] 한푸 | 한복 |
| 夹克[ jiākè ] 지아커 | 쟈켓 |
| 大衣 [ dàyī ] 따이 | 외투, 코트 |
| 皮衣[ piyī ] 피이 | 가죽옷 |
| 风衣[ fengyī ] 펑이 | 바바리코드 |
| 羽绒服[ yurongfu ] 위롱푸 | 오리털파카 |
| 婚纱[ hunsha ] 훈샤 | 웨딩드레스 |
| 童装[ tongzhuang ] 똥좡 | 아동복 |

- 신발. 잡화 관련 중국어

| 목걸이 | 한국어 |
|---|---|
| 鞋 [xié] 시에 | 신발 |
| 女鞋 [nvxie] 뉘시에 | 여성구두 |
| 短靴[duanxue] 돤시에 | 앵클부츠 |
| 长靴[changxue] 창시에 | 롱부츠 |
| 高跟鞋[gaogenxie] 가오건시에 | 하이힐 |
| 平跟鞋[pinggenxie] 핑건시에 | 플렛슈즈 |
| 皮鞋 [pí xié] 피시에 | 가죽구두 |
| 运动鞋 运动鞋 [yùn dòng xié] 윈똥시에 | 운동화 |
| 凉鞋 [liáng xié] 량시에 | 샌들 |
| 托鞋 [tuō xié] 투어시에 | 슬리퍼 |
| 皮包 [pí bāo] 피빠오 | 가죽가방 |
| 书包 [shū bāo] 슈빠오 | 책가방 |
| 手提包 [shǒu tí bāo] 쇼우티빠오 | 핸드백 |
| 钱包 [qián bāo] 치엔빠오 | 지갑 |

| | |
|---|---|
| 帽子 [mào zi] 마오즈 | 모자 |
| 手套 [shǒu tào] 쇼우타오 | 장갑 |
| 手绢 [shǒu juàn] 쇼우쥐엔 | 손수건 |
| 스카프-围巾 [wéi jīn] 웨이진 | 스카프 |
| 毛皮围巾 [máo pí wéi jīn] 마오피웨이진 | 털목도리 |
| 太阳眼镜 [tài yáng yǎn jìng] 타이양이엔징 | 선글라스 |
| 饰品[shipin]스핀 | 액세서리 |
| 环佩 [huánpèi ]환파이 | 패물.장신구 |
| 项链 [xiàng liàn] 샹리엔 | 목걸이 |
| 팔찌-手镯 [shǒu zhuó] 쇼우줘 | 팔찌 |
| 耳环 [ěr huán] 얼환 | 귀걸이 |
| 戒指 [jiè zhǐ] 찌에즐 | 반지 |
| 手表 [shǒu biǎo] 쇼우비아오 | 손목시계 |
| 腰带 [yāo dài] 야오따이 | 벨트 |
| 领带[ lingdai ]링다이 | 넥타이 |

## • 사이즈 관련 중국어

| 목걸이 | 한국어 |
|---|---|
| 上衣尺码 | 상의호수 |
| 服装尺码 | 의류호수 |
| 中国号型 | 중국사이즈 |
| 国际型号(尺码,码数) | 국제사이즈 |
| 衣长,裙长，裤长 | 옷기장, 치마길이, 바지길이 |
| 下摆围 | 상의밑단 |
| 胸围 | 가슴둘레 |
| 腰围 | 허리둘레 |
| 肩宽 | 어깨넓이 |
| 臀围 | 엉덩이둘레 |
| 大腿围 | 허벅지둘레 |
| 脚口 | 바지밑단 |
| 适合身高 | 알맞은 신장 |
| 英寸 | 인치 |
| 身高 | 신장 |
| 袖长 | 팔길이 |
| 年龄 | 나이 |

# 03

# 배송대행 핵심정리

· 배송대행이란?

구매자가 해외쇼핑몰에서 구매한 물건을 해외현지에서 받아 구매자의 수령지로 대신 배송해주는 서비스이다. 배송대행지를 이용하지 않고 해외에서 한국으로 직배송해서 받을 경우 운임비가 높아 한국 내에서 판매하는 물품의 가격과 크게 차이가 나지 않게 된다.

· 배송대행의 일련의 프로세스

배송대행의 진행 프로세스는 다음과 같다.

· 배송대행 시 주의해야 될 점

❶ 해외쇼핑몰에서 구매 후

판매자가 3일 이상 발송하지 않을 경우 아리왕왕으로 발송일자를 문의해야 한다.(재고가 없어서 발송하지 않는 경우가 있는데, 이런 경우 대부분의 판매자는 아리왕왕으로 재고여부를 알려주지만 알려주지 않는 판매자도 적지 않다.)

❷ 물품이 통관절차를 진행 중일 때

만약 통관 불가한 물품이거나 관세 등 기타 특이사항이 발생하면 세관에서 구매자의 연락처(카카오톡, 문자)로 관련 내용을 안내하기 때문에 통관이 지연된다면 세관에서 전송된 메시지가 없는지 확인해 본다.

# 04

# 타오바오 라이브 방송으로
# 상품구매하기

인터넷쇼핑몰에서 구매 시 가장 큰 단점은 실제로 보고, 입어보고, 만져볼 수 없다는 점이다. 이러한 점을 보완하기 위해서 타오바오에서는 라이브 방송 채널을 만들었다. 우리나라의 홈쇼핑과 흡사하다. 하지만 타오바오 라이브 방송은 고객이 궁금한 점을 마치 친구와 메시지를 주고받는 것처럼 손쉽게 판매자와 채팅으로 바로 대화를 주고받으며 문의를 하고, 결제도 클릭 한번으로 할 수 있다는 점이 큰 차이점이다. 타오바오 라이브 방송을 보며 상품을 구매하는 방법을 알아보자.

## 1 _ 타오바오 앱에서 라이브 방송 보며 구매하기

01 타오바오 앱에 로그인 후 첫 페이지 중간 부분의 타오바오 라이브 방송(淘宝直播) 카테고리를 클릭한다.

**02** 타오바오 라이브 방송안의 카테고리에서 원하는 카테고리를 선택하여 시청하고 싶은 방송채널을 누른다.

• 타오바오 라이브 방송 안의 카테고리

❶ 关注(즐겨찾기한 상점 방송)

❷ 精选(우수상점 방송)

❸ 年货节(타오바오 사이트에서 진행하는 이벤트에 참여한 상점방송)

❹ 趣发现(타오바오 사이트에서 진행하는 이벤트에 참여한 상점방송)

❺ 买全球(글로벌판매자 방송)

❻ 穿搭(의류)

　　美妆(화장품)

　　村播(지역특산물)

　　美食(식품)

　　真惠选(할인이벤트 상품)

　　大牌馆(브랜드있는 상품 상점방송)

　　乐活(웰빙상품)

　　家居(가구)

　　珠宝(보석)

　　母婴(육아용품)

　　鲜花萌宠(식물*애완동물)

　　男士(남성용품)

**03** 화면 좌측하단의 빨간 쇼핑백을 클릭하여 판매하는 상품을 확인한다. 빨간 쇼핑백에 입력된 숫자가 판매하는 상품수량이다.

## 1-1. 판매자에게 채팅으로 문의하기

**01** 방송하는 상품 중 판매자에게 문의하고 싶은 내용은, 방송화면 하단의 채팅창(빨간쇼핑백 바로 옆)을 눌러, 실시간으로 문의가 가능하다.

**02** 문의내용을 입력하고 '전송' 버튼을 누른다. 문의내용이 방송하는 화면에 나타나게 되고, 판매자가 대화로 답변을 주는 경우도 있고, 채팅으로 답변을 주는 경우도 있다.

## 1-2. 구매하기

**01** 구매할 상품이 결정되었다면 빨간 쇼핑백안의 상품 중 구매하고 싶은 상품을 누른다. 누름과 동시에, 상품을 구매할 수 있는 링크로 이동된다.

02 상품구매링크 하단의 장바구니 담기(加入购物车) 또는 즉시구매(立即购买) 버튼을 선택한다. 필자는 즉시구매(立即购买) 버튼을 눌러보았다.

03 배송지와 선택한 상품옵션이 맞는지 확인한 후 우측하단의 주문서제출(提交订单) 버튼을 누른다.

**04** 결제금액과 결제방식(付款方式)을 확인하고 하단의 결제(立即付款) 버튼을 누른다. 필자는 결제방식에서 알리페이(支付宝)를 선택했다.

모바일에서 타오바오 라이브 방송을 보며, 구매를 할 때 결제방식을 선택할 수 있다. 결제방식 종류를 알아보자.

❶ 국제결제방식(国际支付方式) : 결제금액이 달러로 표시되며, 국제신용카드로 결제할 수 있다.

❷ MasterCard 신용카드(MasterCard信用卡) : 알리페이에 연동된 MasterCard 신용카드이다.

❸ 중국공상은행(中国工商银行) : 알리페이에 연동된 중국계좌카드(필자의 알리페이에는 중국공상은행 카드가 연동되어있으므로 중국공상은행카드가 표시되었다)

❹ 대리결제(找胖友帮忙付) : 지인의 알리페이 아이디를 입력하여 결제링크를 보내어, 대리결제를 진행 할 수 있다.

❺ 은행카드 추가(添加银行卡) : 알리페이에 연동되지 않은 은행카드를 추가하여 결제 할 수 있다.

❻ 알리페이 잔액(账户余额 ,剩余) : 알리페이 잔액을 확인할 수 있다.

**05** 알리페이 지불비번 6자리를 입력한 후 우측의 결제(付款) 버튼을 클릭하면 결제가 완료된다.

타오바오에서 라이브 방송 비중이 커지기 시작하면서 타오바오에서는 라이브 방송 단독 앱을 만들었다. 바로 타오바오 즈보(淘宝直播) 앱이다. 이 앱에서는 라이브 방송만 전문적으로 시청할 수 있고 동시에 구매도 가능하다. 모바일 앱스토어에서 다운 가능하다. 혹시 다운이 되지 않는 경우에는 중국계정을 생성한 후 국가를 중국으로 변경한 다음 다운로드 받아야 한다.

❶ 타오바오 즈보(淘宝直播) : 타오바오 라이브 방송 시청 앱이다.

❷ 타오바오 주보(淘宝主播) : 타오바오 라이브 방송 설정 앱. 라이브 방송을 진행하는 판매자가 방송을 설정하는 앱이다.

# 05

# 샵비즈 대량등록 솔루션 활용하기

## 1 _ 상품수집 등록 솔루션

직구 구매대행 비즈니스를 하시는 분들은 짧은 시간 내에 빠르고 쉽게 많은 타오바오 상품을 수집하고 나의 오픈마켓 쇼핑몰에 상품을 등록하기 원함에 따라 이를 지원해주는 다양한 상품 등록 솔루션들이 서비스되고 있다. 일반적으로 자동과 반자동 두 가지 버전의 솔루션이 있다고 보면 된다.

❶ 반자동 솔루션

타오바오 등 해외 쇼핑몰 상품 주소(URL)를 하나씩 불러와서 수정 편집 후 나의 쇼핑몰에 상품을 등록한다.

**❷ 대량 자동 솔루션**

타오바오 등 해외 쇼핑몰에서 키워드나 카테고리 또는 점포별로 상품을 대량으로 수집한 뒤 수정 편집하여 상품을 동시에 대량으로 등록한다.


## 1-1. 대량등록 장단점 살펴보기

대량등록 프로그램을 사용하기 전에 반드시 장·단점을 확인하고 진행해야 한다.

**❶ 장점**

• 빠른 시간에 많은 수의 상품을 수집하고 등록한다.
• 여러 쇼핑몰에 동시에 상품을 등록한다.

**❷ 단점**

• 대량으로 불러와서 등록하다 보면 이미지나 상표 등 지재권 상품을 확인하지 못하고 쇼핑몰에 등록하게 되어 법적 문제가 발생될 소지가 크다.
• 본인이 잘 알지 못하는 상품을 등록하여 전문성이 떨어지고 상품에 대한 자신감을 잃어버리고 결과적으로 CS에도 어려움이 발생된다.
• 솔루션에 따라 다르지만 솔루션 이용에 따른 비용이 발생한다.


## 1-2. 대량등록 단점 해결 방안

솔루션을 사용하기 위해서는 위에 열거한 단점들을 잘 이해하고 다음과 같은 해결 방안을 가지고 진행하는 것이 좋다.

• 저작권에 위반되는 금지어를 수집한 후 프로그램에 적용시켜 해당 키워드를 걸러내고 수집을 한다.
• 수집한 상품을 무조건 등록하지 말고 한 번씩 확인해보고 조금이라도 의심되는 상품은 제외시키고 나머지만 쇼핑몰에 상품을 등록한다.
• 어느 정도의 지식과 정보를 가지고 있고 본인이 잘 알고 있는 카테고리 상품 위주로 상품을 수집하여 고객 문의에 자신감을 가지고 대처한다.
• 비용대비 효과가 좋은 가성비 좋은 프로그램을 선택한다. 프로그램 종류가 많고 가격이 천차만별이어서 수백만 원대의 프로그램도 있고 거의 무료로 배포해주는 프로그램도 있다.
• 솔루션의 가격대에 따라서 제공되는 서비스 유형이나 내용도 다르겠지만 실제로 사용해 보면 대등소이하다. 본인에게 잘 맞는 프로그램을 사용하는 것이 중요하다.

## 2 _ 샵비즈클래식이란?

타오바오 완전정복 카페는 중국 구매대행 비즈니스를 진행하시는 분들에게 도움을 드리고자 샵비즈 클래식 대량 등록 솔루션을 개발하여 카페 회원들에게 배포와 솔루션 세팅을 지원한다. 또한 대량등록 운영방안과 솔루션 사용법에 관한 교육도 진행하고 있다.

샵비즈 클래식은 타오바오에 등록된 상품을 샵비즈 클래식을 통하여 대량 수집하고 등록된 5대 마켓에 자동으로 업로드 시키는 시스템이다.

2-1. 샵비즈클래식 장 · 단점
샵비즈클래식의 장단점에 대해서 알아보자.

샵비즈클래식 장점
- 1회 500개 상품 수집
- 5대 마켓 동시에 상품등록
- 중복상품 가리기
- 옵션상품 최고가 수집
- 할인상품가격으로 수집
- 파파고 api 연동을 통하여 제목 자동번역
- 제목 일괄수정, 일부수정, 추가 단어 등록이 가능
- 저작권 금지어를 등록하여 수집제외 시켜줌
- 사이즈표 추가 기능

샵비즈클래식 단점

- 타오바오 상품만 수집
- 상품수집 시간은 500개 4시간정도 소요 됨
- 상품등록 시간 500개 4시간 정도 쇼요 됨
- 상세페이지 내용 수정 불가
- 상세 페이지 중국어 텍스트 불러오지 않음
- 저작권 이미지 검색 불가

샵비즈클래식은 위와 같은 장·단점이 있으니 먼저 잘 학인해 보고 사용해야 한다.


## 2-2. 샵비즈클래식 수집 방법

운영방법이나 아이템에 따라 검색방법을 적절하게 변화를 주변서 활용하면 된다.

- 키워드 수집 – 검색하고자 하는 키워드로 빠르게 대량 수집한다.
- 카테고리 수집 – 특정한 카테고리를 집중 공략한다.
- 점포별 수집 – 저작권과 퀄리티가 보장되는 문제없고 판매성이 좋은 우수 점포를 선별한다.
- URL 수집 – 상품 건별로 수집

| 알고가자! | 샵비즈클래식을 과신하지 말자 |
|---|---|

샵비즈클래스뿐만 아니라 대량등록 프로그램은 직구 구매대행의 보조 프로그램으로 사용하고, 수기로 직접 등록하는 것을 기본 방침으로 운영해야 한다. 대량등록 방법을 사용하다 보면 많은 수량이 등록되어지는 것에 취해서 점점 더 대량등록 프로그램에 의지하고 집중하게 되는데 이 함정에 빠지면 오히려 내 점포를 망치는 경우가 있다


## 2-3. 샵비즈클래식 사용 조건과 사용료

샵비즈클래식의 사용 조건과 사용료에 대해서 알아보자.


❶ 샵비즈클래식 사용 조건

- 타오바오 완전정복 카페 성실회원 이상(네이버 타오바오완전정복 카페 검색)
- 타오바오 완전정복 단테 채팅방 회원(카페 내에 있는 단톡방회원 입장공지 확인)
- 대량등록 솔루션 운영방안 + 사용법 강의 수강완료(무료)하신 분만 사용가능

❷ 샵비즈클래식 사용료(카페 단톡방 회원 기준)

- 세팅비 22,000원

- 월사용료 22,000원

- 사용법 강의는 무료

2-4. 샵비즈클래식 솔루션 사용 프로세스와 전략

❶ 샵비즈클래식 대량솔루션 사용 전략

쇼핑몰을 처음 시작하거나 이제 막 시작하신 분들은 어느 정도 쇼핑몰의 습성을 파악한 후 대량 등록 솔루션을 사용할 것을 권장한다.

솔루션 사용자는 처음부터 욕심내지 말고 한 개 또는 두 개 샵을 시작하는 것이 좋다.

사용법이 익숙해지고 솔루션을 사용함으로서 많이 발생되는 CS량과 판매량에 익숙해지면 추가로 샵을 늘려 나가는 것이 좋다

**❷ 클래식 솔루션 업무 프로세스**

클래식 솔루션을 활용하면서 수기로 등록하는 업무와 상품 키워드 찾기 업무를 개을리 하지 말고 꾸준히 해주어야 한다. 상품 수집과 등록에 시간이 소요되기 때문에 적절히 다른 업무와 휴식 시간을 잘 안배하여 진행한다.

클래식 솔루션 상품 수집 -〉 다른 업무 -〉 솔루션 수집완료 -〉 상품 수정 및 체크 -〉 나의 쇼핑몰에 상품 등록 -〉 휴식 및 다른 업무

**❸ 솔루션을 접목한 나의 쇼핑몰 운영방안**

너무 급하게 생각하지 말자. 솔루션을 활용하면 천천히 진행해도 많은 상품을 대량등록 할 수가 있다. 다만 꼭 해주어야 할 업무가 있다. 업무 내용은 다음과 같으며 이 업무를 잘하고 못하느냐에 따라서 매출에 대한 반응이 확실히 달라질 것이다.

- 우수 키워드나 우수 점포를 찾는 일에 집중한다.
- 불러온 사진 제목 수정해도 되고 하지 않아도 된다. 다만 위험요소가 있는 상품은 삭제한다.
- 대량등록 후 판매 반응이 있거나 통계상 유입량이 현저하게 많은 상품은 재작업 후 수기로 재등록한다.
- 어느 정도 등록한 뒤로는 삭제를 잘하고 빈자리를 다시 채워주는 것이 중요하다.
- 솔루션 대량등록 후 CS업무 과중에 미리 대비해야 한다. 판매자 스스로 전반적인 온라인 판매 시스템에 대해서 숙지해야 한다.

다시 한 번 강조하지만 대량등록 프로그램은 보조프로그램이며 메인 상품등록은 수기로 진행해야 한다.

샵비즈 클래식 대량등록 솔루션에 대해서 궁금하거나 사용하고자 하는 분들은 네이버 타오바오 완전정복 카페로 방문하면 된다.

# APPENDIX
# 06

# 저자와 함께하는 커뮤니티

## 1 _ 직사마 유튜브 채널

책에 관련된 내용과 추가적으로 도움이 될 만한 내용을 유튜브를 통하여 지속적으로 제공한다. 유튜브 내용을 잘 숙지하면 직구 구매대행에 관련된 기초가 다져질 것이다. 유튜브에서 "직구사입마스터"를 검색한다.

## 2 _ 카페 카카오톡 단체 채팅방

타오바오 완전정복에서는 직구 구매대행 비즈니스를 운영하는 카페 회원을 위하여 단톡방을 운영하면서 실시간 무료강의와 회원간 정보교류를 지원하고 있다. 카톡에서 "타오바오완전정복 중국직구 구매대행 온라인 강의 정보공유"를 검색한다.

Special Page

# 직구 구대행을 하고자 하시는 분들에게 마지막 드리는 말씀

❶ 장기적으로 보고 꾸준히 해라

직구 구매대행 온라인 쇼핑몰은 빠른 결과를 보여주지 않습니다. 꾸준히 미래를 보면서 만들어 나가야 한다.

❷ 점포를 늘리고 상품 수를 늘려라

한 개의 점포를 운영하거나 여러 점포의 적은 상품 수보다는 다양하고 많은 상품을 등록하려고 노력해라.

❸ 신규 온라인 점포에 광고는 큰 도움이 안 된다

광고에 투자할 비용이 있으면 다른 곳에 투자해라. 특히 초보 판매자에게 광고는 도움이 안 된다.

❹ 내가 하는 일이 재미있어야 한다

재미없는 일을 하면 빨리 지치고 포기하게 된다. 재미를 붙여라.

❺ 새로운 지식을 계속 쌓고 꾸준히 학습해라

학습하고 배우지 않으면 도태된다.

❻ 투잡을 힘들어하지 말고 운영하고 장기적으로는 집중해서 올인 한다

투잡하시는 분들은 걱정하지 말고 할 수 있는 만큼 운영해봐라. 잘 풀리면 그때는 모든 것을 걸고 집중해라.

➡ 인생의 모토 ~ slow steady wins the game

느림보가 게임에 승리한다. 급하면 진다.

➡ Remember ~ 내가 놀고 쉴 때도 주문이 계속 들어올 수 있다.

온라인 비즈니스의 가장 큰 장점이고, 꼭 온라인 판매를 해야 하는 이유이다.

# 혼자서도 할 수 있는 실용서 시리즈

IT, 쇼핑몰, 홈페이지, 창업, 마케팅 등의 실무 기능을 혼자서도 배울 수 있도록
차근차근 단계별로 설명한 실용서 시리즈이다.

누구나 따라할 수 있는 기막힌
## 중국 구매대행! 끝장 매뉴얼
중국 구매대행의 전설 '중판' 대표의 300만 원으로 30
억 번 비밀 노하우 대공개!

이윤섭 손승엽 공저 | 16,500원

높은 마진으로 판매하는 탑셀러들의 비밀
## 글로벌 상품소싱 쉽게 따라하기

이중원 저 | 16,500원

혼자서도 할 수 있는
## 아마존 월 매출 1억 만들기 [3판]_아마존 JAPAN 추가
무재고 무자본으로 바로 시작하는 아마존 판매!

장진원 저 | 17,500원

한 권으로 끝내는
## 글로벌 아마존 판매 실전 바이블
아마존셀러의 실전 창업 전 과정을 순서대로 담았다!

최진태 저 | 25,000원